本山勝寛
Katsuhiro Motoyama

今こそ「奨学金」の本当の話をしよう。

貧困の連鎖を断ち切る「教育とお金」の話

ポプラ新書
145

本書は書き下ろしです。

今こそ「奨学金」の本当の話をしよう。／目次

プロローグ　親の年収ゼロだけど奨学金で東大・ハーバードに行けた　8

第1章　検証「奨学金地獄」
――なぜ奨学金は社会問題になったのか　13

「奨学金タタキ」が急浮上／奨学金ってなに？／こんなに違う給付型と貸与型の割合／無利子と有利子の違い／「延滞者急増」のカラクリ／日本学生支援機構は「サラ金よりも悪質」か？／奨学金でも延滞すればブラックリスト／奨学金は「学生ローン」に名称変更すべき？／大学進学率の上昇と私立大学設立ラッシュ／チェックすべき大学別奨学金延滞率／外国人留学生への奨学金／教育費を家庭負担に頼ってきた日本／大学進学という投資はリターンもリスクも上がってきている／奨学金は厳しい財政下で多くの人に機会を与えている

第2章　貧乏でも東大に行けるのか？――日本の「教育とお金」　65
「東大生の親は金持ち」？／東大生の8人に1人は低所得家庭出身／意外に知られていない大学授業料免除制度／塾にも私立にも行かずに東大に入れるか／コースによってこんなに違う教育費／日本の受験制度は平等か？／東大合格者数高校ランキングからみえる高校格差の変遷／格差是正のためにも必要な必要な公立高校改革／都内私立高校の実質無償化／政府主導で給付型奨学金制度が新設／安くてよい教育を受けるには情報と戦略が決め手

第3章　海外の教育事情と奨学金制度　111
「貧乏人」ほどハーバードを目指せ⁉／必要に応じた授業料――ニードベース奨学金／アメリカでも問題になっている学生ローン地獄／税金が高く大学授業料の安いヨーロッパ／増えてきた海外留学奨学金――手厚い給付型が2020年まで1万人に／コストパフォーマンスからみた世界大学ラ

ンキング／中国、フィリピン、インド……米国以外の選択肢

第4章　教育格差をなくすための9つの提言　135

教育は格差をなくしてきた「自由の実践」

第1節　教育格差をなくすために政府ができること　139

〈提言1〉外国人留学生奨学金の出身国枠の偏りをなくし大学授業料減免を拡大／〈提言2〉奨学金返済を所得税控除に計算できる「奨学金減税」の実現を

第2節　教育格差をなくすために大学・企業ができること　147

〈提言3〉企業、財団、大学はもっと給付型奨学金を創ろう／〈提言4〉働きながら学べるオンライン・夜間主コースの拡充を／〈提言5〉地域で安価

に学べるコミュニティ・カレッジの創設／〈提言6〉ふるさと納税による大学への寄付制度を

第3節　教育格差をなくすために個人ができること 160

〈提言7〉大学生が選挙に行くことが高等教育政策充実につながる／〈提言8〉個人が個人を支援する21世紀型「あしながおじさん」／〈提言9〉予備校の必要のない社会が教育格差をなくす

あとがき――「希望という光」を次の世代に 171

プロローグ　親の年収ゼロだけど奨学金で東大・ハーバードに行けた

私は「極貧」といってもいいであろう家庭環境の中で育った。

高校1年から卒業まで親は家にいない状態だったので、年収はゼロ。幸い県営住宅に住んでいたので家賃の心配はさほどなく、私自身が毎日アルバイトをしながら生活費を工面し、日本育英会（1996年当時、2004年4月から日本学生支援機構：略称JASSO）の奨学金も借りていた。しかし高3になり受験勉強に本格的に取り組みはじめ、アルバイトを辞めざるを得なくなったため、世帯収入が月1万4000円の奨学金のみとなった。あらゆる節約をして、米とキャベツだけで飢えを凌《しの》いだ時期もある。もちろん塾や家庭教師に頼ることなどできなかったが、選びに選び抜いた参考書と問題集を奨学金から購入し、ボロボロになるまで使った。結果的に、東京大学に合格できた。199

9年のことである。

お金がなかったので初めから私立は考えていなかったが、大学に行くと高校よりも多く奨学金を借りられることを聞いていたので、それを活用しようと思っていた。実際に大学に入ると、国公立大学が実施している授業料免除制度があることも知り、大学4年間はその恩恵を受けた。さらに、日本育英会から無利子の第一種奨学金を月約5万円借りて生活費の一部にあて、出身自治体が行っていた大分市の無利子奨学金を月3万円借りて、高校生の妹がいる家に仕送りしていた。もちろん、アルバイトもたくさん経験した。

この授業料免除と奨学金制度がなければ、決して東大に通うことはできなかっただろう。アルバイトも、学問ができないくらいやらなければならなかったはずだ。奨学金により素晴らしい学びの環境が与えられ、多くの可能性が開かれたことに心から感謝している。

その後、ハーバード教育大学院にも通うことになったが、そのときはハーバードが提供していた学費の一部免除制度や自分が働いて貯金したお金、知人からの支援などによって留学することができた。これも奨学金がなければ難しかったし、そもそも奨学金の恩恵を最大限に受けた東大での学習機会がなければあり得なかった。

卒業後、高給取りな職には就かなかったが、合計で約400万円の奨学金（貸与型）をコツコツと今も返済している。そのうち大分市の奨学金144万円は、2012年にまとめて完済し、高校時代に借りていた奨学金50万4000円分は、毎月の返還によって10年かけて2016年に返還完了した。残りの大学時代に借りた奨学金返還分は、2022年まで返済し続ける予定だ。毎月の返済は正直きついが、この奨学金がなければ今の自分はなかったわけであり、無利子での返済を許されていること自体が支援を受けていることだと感謝している。

私の経験は単なる一例に過ぎないが、私と同じように奨学金により高等教育を受けることができ、今も返済中の方々が2016年度現在で実に410万人いる（日本学生支援機構「奨学金事業への理解を深めていただくために」2017年11月より）。加えて、現役の学生で貸与中の方は約132万人だ。合わせると540万人以上もの人々が奨学金を借りていることになる。現在、大学に通う学生のおよそ半数が奨学金を利用しているのだ。奨学金はもはや一部の苦学生のためのものではない。日本の教育環境、ひいては社会そのものを映し出す鏡であるともいえる。

近年、奨学金の「延滞問題」に関する報道やブログ記事などがかなり目立つようになり、いわゆる「奨学金問題」が日本社会において重要なイシューとして捉えられるようになってきた。しかし、その大半が、「延滞者が急増し若者が追い詰められている」「奨学金はサラ金よりも悪質」といった負の部分のみを過度に強調するものばかりである。近年出版された奨学金をテーマにした本も、『ブラック奨学金』(文春新書)、『「奨学金」地獄』(小学館新書)、『奨学金が日本を滅ぼす』(朝日新書)、『日本の奨学金はこれでいいのか!——奨学金という名の貧困ビジネス』(あけび書房)といったセンセーショナルなタイトルがずらりと並んでいる。

私はこのような風潮に強い懸念と危機感を覚える。奨学金の恩恵を受けて極貧生活を脱することができた身であることもその理由だが、なにより、議論が単なる「奨学金制度タタキ」に終始していては、若者を苦境から救う手段は見出せないと思うからだ。この危機感が、本書の執筆の動機である。

確かに奨学金制度や、そもそもの日本の教育制度に課題はある。しかし、そのすべての責任を奨学金制度の実施者である日本学生支援機構に押しつけても、問題は解決しない。奨学金問題の背景と実態、そして良い点と悪い点を丁寧に分析した上で紐解き、日本の教育制度や格差の問題も含めて全体像を把握してこそ、問題解決のあり方がみえてくるはずだ。

本書では、近年になってなぜ奨学金問題が急浮上したのか、その背景を紐解きながら、日本の奨学金制度の実情を海外の事例とも比較しながら解説した。そして、具体的な改善方法についても考察し、最後の第4章では「教育格差をなくすための9つの提言」としてまとめた。

私のように、たとえ貧しい家庭で育ったとしても、教育の力によって貧困の連鎖から脱せられる人が一人でも多く出てくることを願いながら。

第1章　検証「奨学金地獄」
——なぜ奨学金は社会問題になったのか

「奨学金タタキ」が急浮上

２０１３年10月、Yahoo! のトップページに「奨学金を返せない若者の苦境」という特集ページが組まれると、ネット上で話題になり、ツイッターやフェイスブックなどソーシャルメディアを通して拡散した。私がブログ上に書いた「奨学金制度たたきはいい加減やめませんか」（同年10月10日）という記事もリンクを張られ、アクセスが急増し、多数のコメントが寄せられた。いわゆる「炎上」の一歩手前ともいえる状況で、その反響の大きさに驚いた。

私の記事はタイトルからもわかるように、「奨学金擁護派」として紹介されたのだが、ほかの記事はブログも報道も含めてすべてが「奨学金批判派」である。特集ページ内で紹介されている記事タイトルを追うだけで、その批判の論調がみて取れる（順番はママ）。

・「狂った日本の奨学金制度：大学卒業のために『720万円の借金（利子付き）』を背負うのは自己責任？」――Yahoo! ニュース「個人」イケダハヤト（ブロガー）（２０１３年10月９日）

・「奨学金が返せない」――NHK特集まるごと（2013年4月3日）
・「特集ワイド：続報真相　若者つぶす奨学金」――毎日新聞（2013年4月19日）
・「奨学金が返せない　～若者たちの夢をどう支えるか～」――NHKクローズアップ現代（2010年9月6日）
・「昔と違って滞納したらアウト…『学生奨学金』取り立ての実態」――日刊ゲンダイ（2013年10月8日）
・「奨学金『取り立て』ビジネスの残酷」――選択（2012年4月号）
・「『奨学金』世代間で見方に差　経済状況、大きく変化」――中日新聞（2013年9月19日）
・「記者ノート：未返済額が急増する奨学金」――毎日新聞（2013年7月8日）

「狂った日本の奨学金制度」「返せない」「若者つぶす」「滞納したらアウト」「『取り立て』ビジネスの残酷」「未返済額が急増」と、おどろおどろしい言葉が並んでいる。日本の奨学金制度の歴史は70年以上にもなるが、これだけ奨学金が話題になり、そして社会問題として批判されるようになったのはおそらく初めてのことだろう。

いったい奨学金のなにが問題なのだろうか。本来、若者を助けるための奨学金制度が、本当に「狂って」いて、「若者をつぶして」いるのだろうか。もしそこに問題があるなら、その実像と全体像を把握することで、現代日本が直面している社会の構造や教育の姿がみえてくるのではないだろうか。単なる「奨学金タタキ」ではなく、丁寧な分析と考察、そして現実的な改善策の提案こそが、若者を本当の意味で救い、教育格差の是正を可能にするのではないだろうか。日本の奨学金制度の現状と、社会問題として急浮上したその背景を一つひとつ紐解いていきたい。

奨学金ってなに？

そもそも、奨学金とはなんだろう。

辞書（デジタル大辞泉）では、「1 すぐれた学術研究を助けるため、研究者に与えられる金。２奨学制度で、貸与または給付される学資金」とある。

一般的には、奨学金といえば、極めて優秀な学生や貧しくて学費が支払えない学生に給付されるお金のことを指すというイメージが強い。しかし、辞書の定義や実際の日本の奨学制度にあるように、奨学金には**「給付」と「貸与」**の２種類があり、そのイメージと実態の乖離《かいり》が、今日の奨学金問題とそれに付随するバッシングを生み出す一つの要因にもなっている。

日本で公的機関による奨学金制度がはじまったのは、１９４３年、第二次世界大戦中のことだ。戦争による経済混乱期に民間の奨学事業が滞ったことを受け、政府により大日本育英会が設置され、貸与型の奨学金制度がはじまった。これが戦後の１９５３年、日本育英会に変わり、２００４年には独立行政法人日本学生支援機構（ＪＡＳＳＯ）となった。

この政府による貸与型の奨学金を中心にした奨学制度が、ニーズの高まりとともに年々拡充していくにつれて、日本では貸与型が割合として多くを占めることになった。

このほかには、電通育英会やコカ・コーラ教育・環境財団、伊藤謝恩育英財団など民間の奨学金があり、貸与型だけでなく、給付型のものが含まれるが、対象者が非常に少ない傾向にある。民間の場合は原資が限られていることと、貸与型にした場合の回収のコストやリスクを負いきれないことが、給付型で少数に限定する理由として考えられる。また、より優秀な少数の学生に対して給付することで、リーダー層の人材を育成しようという意図があることもうかがわれる。

ちなみに私は、政府(日本育英会)の貸与型無利子奨学金を月4万7000円、大分市から同様に貸与型無利子奨学金を月3万円借り、民間の給付型奨学金として山岡育英会から給付型奨学金を月3万円給付されていた。山岡育英会とはヤンマー株式会社の創業者によってつくられた財団法人だ。

民間にも貸与型の奨学制度があり、最も大きなものが「あしなが育英会」だ。病気や災害、自殺などで親を亡くした子どもたちや、親が重度後遺障害で働けない家庭の子どもたちに無利子で奨学金を貸し出している。大学生には月4万円または5万円で無利子での貸与だ。2016年度は大学・短大・専門学校生2069人、高校生3011人に、約23億円の奨学金貸与を行っている。あしなが育英会の奨学金の原資は個人などからの寄付によってまかなわれている（詳しくは同会ホームページを参考）。

奨学金と一口に言っても、給付型と貸与型の違いや、国（独立行政法人）や地方自治体が行う税金を原資とするもの、民間で企業系のものから個人の寄付を原資とするものなどさまざまだ。**形態は異なるが、どれもが「学びを奨励するためのお金」という点では奨学金といえる。**その成り立ちや性質の違い、あるいは規模の違いなどを丁寧にみていかなければ、奨学金問題の解決の糸口はつかめない。

こんなに違う給付型と貸与型の割合

奨学金にも給付型と貸与型があることがわかった。

奨学金といえば、一般的には給付型のイメージが強いが、日本では規模的には貸与型の割合が圧倒的に大きいため、イメージと実態の乖離が、先に挙げた奨学金批判につながっているといえよう。

日本学生支援機構が奨学金を貸与している人数は、2016年度現在で13

2万人だ。ピークの2013年度には年間134万人まで増え続け、1998年度の38万人から3倍以上にまで膨れ上がった。今や2・6人に1人の大学生が日本学生支援機構の貸与型奨学金を借りていることになる（日本学生支援機構「所得連動返還型奨学金制度有識者会議」2016年9月21日より）。これに加えて、先に挙げた民間最大規模のあしなが育英会も貸与型奨学金を年間約2000人の大学生に貸与し、各地方自治体も貸与型奨学金を行っている。日本学生支援機構の学生生活調査（2014年度）のアンケート（有効回答数4万5577人）によると、奨学金の受給率は大学学部生で51・3％だった。

大学生の2人に1人が奨学金を受給しているが、その大半が貸与型奨学金であるということになる。

一方で、給付型奨学金は民間財団のものが多いが、各団体が給付している人数は、全学年合わせても数名から数十名程度のものが大半を占める。給付対象者の多いものでも古岡奨学会（母子家庭の高校生対象）の1学年320名程度、3学年全体で900名強だ（詳しくは同会ホームページを参考）。すべての民間給付型奨学金を網羅した正確なデータはないが、これらをすべて合わせてもおそらく数千人で、１万人を大きく超えることはないだろう。

民間の給付型奨学金は、募集人数が少ない上に、家庭状況や専攻、出身地などが細かく定められている場合が多く、非常に狭き門なのだ。実際に私自身も、先述した山岡育英会から月３万円の給付型奨学金を得られるようになるまで、高校時代から大学入学後にかけて、いくつもの奨学金の選考に落とされ、苦い思いを経験した。何度落ちてもあきらめずに申し込みをし続けて、ようやく勝ち取ったのが給付型奨学金なのだ。

民間以外にも、もう一つ、給付型奨学金で見落とされがちなものとして、税金（２０１４年度からは企業からの寄付も合わせた制度も新設）を原資に日本学生支援機構が行う**海外留学支援制度**がある。（１）８日以上１年以内の期間、日本の大学等に在籍している学生を諸外国の高等教育機関に派遣するプログラム「協定派遣型」と、（２）日本の高校を卒業した後に学士の学位取得を目的に海外大学に留学する学生を対象とした「学部学位取得型」、（３）海外大学院で修士または博士の学位取得を目的とする「大学院学位取得型」の３種類だ。

日本学生支援機構の発行する「ＪＡＳＳＯ概要２０１７」によると、２０１

7年度で合計約2万2300人がこの海外留学給付型奨学金を受給する予定とあるが、その内訳は協定派遣2万2000人、学部学位取得型が45人、大学院学位取得型が252人だ。給付型奨学金としては最大規模となるが、その大半が大学間交流協定に基づいて派遣される協定派遣型であることから、一般的に個人単位で広く開かれたものとはいいがたい。また、海外留学のできる比較的富裕層が自然と対象になることから、貧困層に届いているともいえないだろう。

以上をまとめると、給付型奨学金の受給者は、対象者が限定されるものも多いが、現状では合計3万人から4万人程度と推測される。**貸与型奨学金と給付型奨学金の対象人数の割合は、およそ100：3程度ということになる。**

「日本には給付型奨学金がない」といった主張を、報道などを通してよく目にするが、「まったくない」というのは事実ではない。ただし、割合としては貸与型奨学金よりも、かなり少なく限定されていることは確かだ。

後ほど詳述するが、本書を執筆している2017年現在、**政府が給付型奨学金を新設**することが定められた。2017年度から対象者を絞って先行実施し、2018年度に本格運用がはじまる。その予定されている対象者は1学年あたり2万人、全学年6万人とされている（文科省「奨学金事業の充実」より）。

この政府の給付型奨学金新制度が予定通り実現すれば、貸与型奨学金と給付型奨学金の人数比がおよそ100：10程度になると推測される。

日本の奨学金制度は貸与型が先行し、その割合の多くを占めてきたが、多くの層に届けることが可能な貸与型奨学金と、より必要としている層に届けるべき給付型奨学金のバランスをどうとるかは、教育政策の重要な戦略の一つといえよう。

無利子と有利子の違い

日本では、給付型奨学金よりも貸与型奨学金が圧倒的に多いことがわかった。貸与というからには要するに「借金」ということなのだが、なぜ「奨学金」なのだろう。

それは、利子が通常よりも安くおさえられているからだ。貸与型奨学金にも、大きくは2つのタイプのものがある。**「無利子奨学金」**と**「有利子奨学金」**だ。

先に挙げた民間のあしなが育英会や地方自治体の貸与型奨学金などは無利子

の場合が多い。一方で、日本学生支援機構の貸与型奨学金には2種類あり、無利子のものを**「第一種奨学金」**、有利子のものを**「第二種奨学金」**と呼んでいる。

無利子の第一種奨学金は、大学生には、国公立・自宅通学の場合は月額3万円または4万5000円、国公立・自宅外通学の場合は月額3万円または5万1000円、私立・自宅通学の場合は月額3万円または5万4000円、私立・自宅外通学の場合は月額3万円または6万4000円を貸与する。国公立か私立か、あるいは自宅通学か自宅外かでその貸与可能金額に違いを設けている。

このほか、短期大学、大学院修士課程、博士課程、高等専門学校、専修学校などでも貸与額をそれぞれ設定している。採用基準として、大学で受ける奨学金の予約採用の場合、高校時代の成績平均値が3・5以上、世帯人数3人の場合で給与所得657万円以下、世帯人数5人の場合で給与所得922万円以下などの基準が設けられている。**一定以上の成績を修め、高所得層ではない学生に限定することで、より待遇のよい無利子の奨学金を貸与しているわけだ。**

また、低所得層（住民税非課税世帯）に対しては、特定分野に優れていたり、学修意欲がある場合は、上記の成績基準を満たしていない場合も採用されるという緩和基準が近年になって新たに設けられている。

次に、有利子の第二種奨学金についてみてみよう。大学生は、月額３万円、５万円、８万円、10万円または12万円から貸与額を選択することができる。上限額の差はあるものの、短期大学、大学院、高等専門学校、専修学校も同様の設定だ。採用基準は、高校の学業成績が平均水準以上で、世帯人数３人の場合は給与所得が１００９万円以下、世帯人数が５人の場合は給与所得が１３００万円以下となっている。

無利子の第一種奨学金よりも、希望すれば多い金額を、成績や所得も緩やかな基準で借りることができるようになっている。**条件が緩やかな分、第二種奨学金は利子がつくことになっており、その上限が３％と定められている。ただし、この利率３％はあくまで上限値であって、そのときの市中の金利状況に合わせて実際の利率は下がることになる。**この点は、誤解が多い点なので後ほど詳述したい。

貸与者の人数をみてみると、無利子奨学金の貸与人数は、２０１６年度で約48万人、有利子奨学金は約84万人と、有利子奨学金のほうが２倍近く多い。１

図表1　貸与型奨学金（日本学生支援機構）の貸与者数

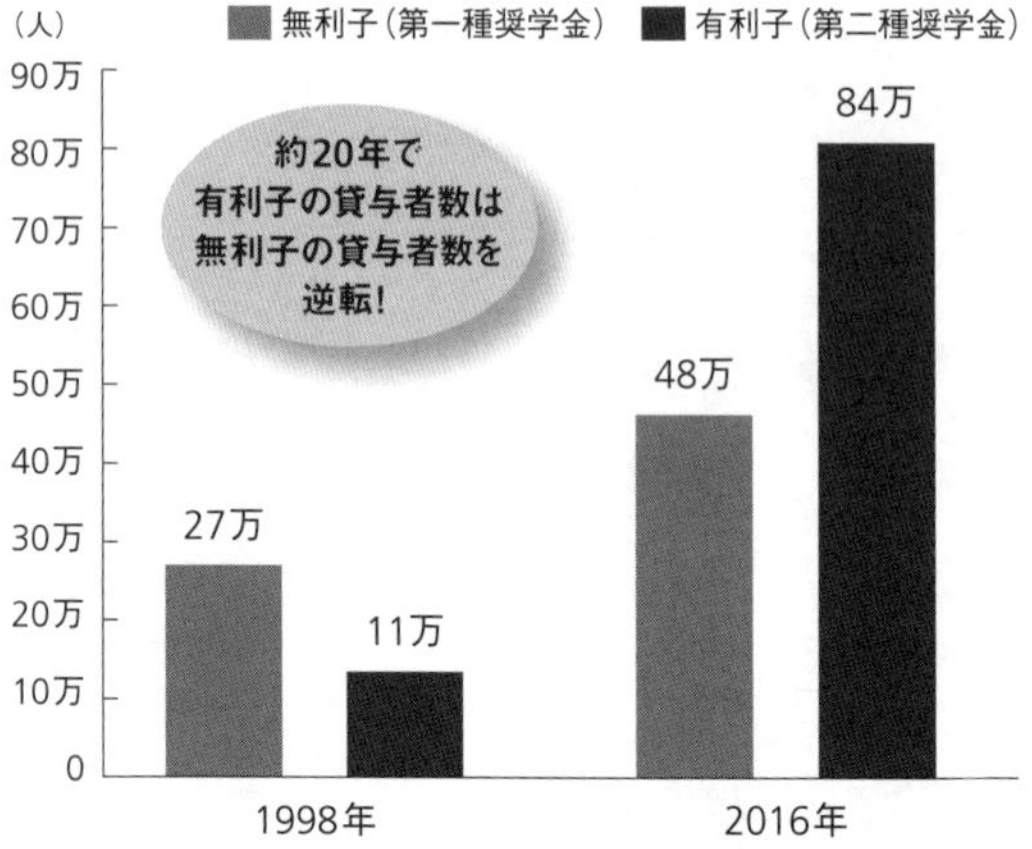

文部科学省「奨学金事業関係資料（参考資料4）」をもとに作成。

９９８年度には、有利子の第二種奨学金貸与者は約11万人、無利子の第一種奨学金貸与者は約27万人と、無利子貸与者のほうが多かったが、約20年間で有利子奨学金の貸与者が急増したことで、貸与者人数が逆転している（**図表１**）。

　日本の奨学金の状況は、給付型よりも貸与型、無利子よりも有利子の奨学金が割合として多いという状況にあるわけだ。貸与ということはつまり借金であり、返せなくなる人も出てくることになる。また、その人数は毎年１３０万人を超え、今や大学生のおよそ２人に１人が借りている状況にある。奨学金が返済できなくなったり、大きな重荷になっていることが社会問題として急に注目されてきた背景には、こういった状況があるわけだ。

「延滞者急増」のカラクリ

先に記したように、過去に奨学金を借りて今現在返済中の方々が、２０１６年度現在で合計約４１０万人いる。加えて、現役の学生で貸与中の方は約１３２万人だ。このうち３カ月以上延滞せざるを得ない状況にある延滞者は16万１０００人。さらに３カ月未満の延滞者は17万４０００人で、合計すると33万５０００人になる。１９９８年の延滞者は約14万人だったので、約20年間でおよそ倍増していることになる。

「倍増」「33万人」だけを取り出すとかなり大きな問題である。メディアはこぞってこの部分を切り出して強調し、「学生に借金を押しつけている」といった論調で奨学金問題を取り上げてきた。

ただし、もう少し全体を俯瞰してみると、貸与者数そのものが１９９８年度には38万人だったのが、２０１３年度は約１３４万人に増加していることがわかる。およそ3・5倍に増えているわけだ。この間、第二種奨学金、すなわち無利子ではなく有利子奨学金の貸与者が急増している。全体の借りている母数が急増しているため、結果的になんらかの理由で延滞せざるを得ない人の数も増えてしまうことは、理論的には当然の帰結でもある。

また、返済中の人数は2016年度現在で合計410万人にもおよび、この人数は年々増加している。3カ月未満の延滞者を含む合計の延滞者数は、返済者数の約8・2%、3カ月以上の延滞者(16万1000人)のみに絞ると、返済者数の3・9%だ(2016年度末)。この〈3カ月以上の延滞者数〉/〈全体の返済者数〉の延滞率の推移をみると、2004年度は9・9%、2009年度7・7%、2016年度は3・9%と、年々減少していることになる。

要返還債権額に対する3カ月以上の延滞債権額の比率の推移をみても、2004年度の7・9%から毎年減少傾向にあり、2009年度は6・5%に、2016年度には3・5%にまで減っている。

数だけでみると延滞者数は増加していることも事実だが、実はそれ以上に全体の貸与者・返還者が急増してきたのであり、延滞者や延滞額の比率はむしろ

図表2　返還者数の推移

年度末	返還者数
2004年	1,848千人
2005年	1,989千人
2006年	2,156千人
2007年	2,356千人
2008年	2,538千人
2009年	2,731千人
2010年	2,920千人
2011年	3,117千人
2012年	3,334千人
2013年	3,535千人
2014年	3,741千人
2015年	3,928千人
2016年	**4,095千人**

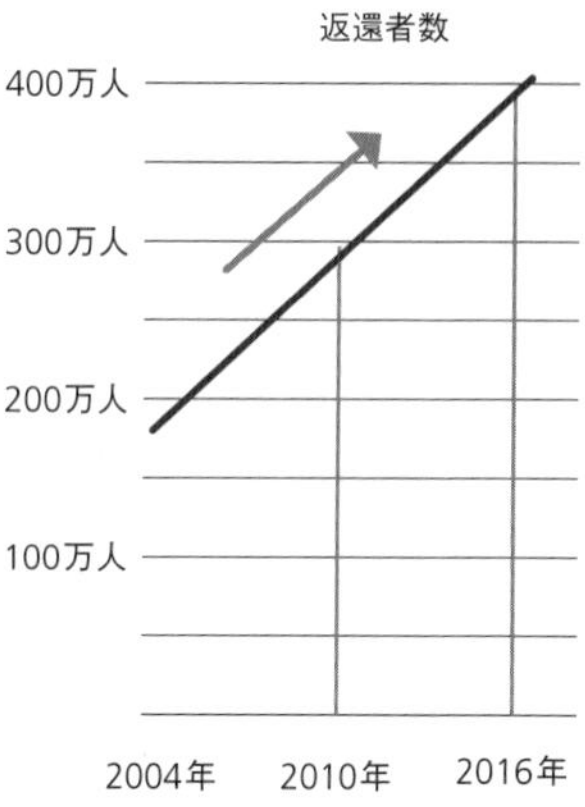

図表3　延滞者数と延滞率の推移

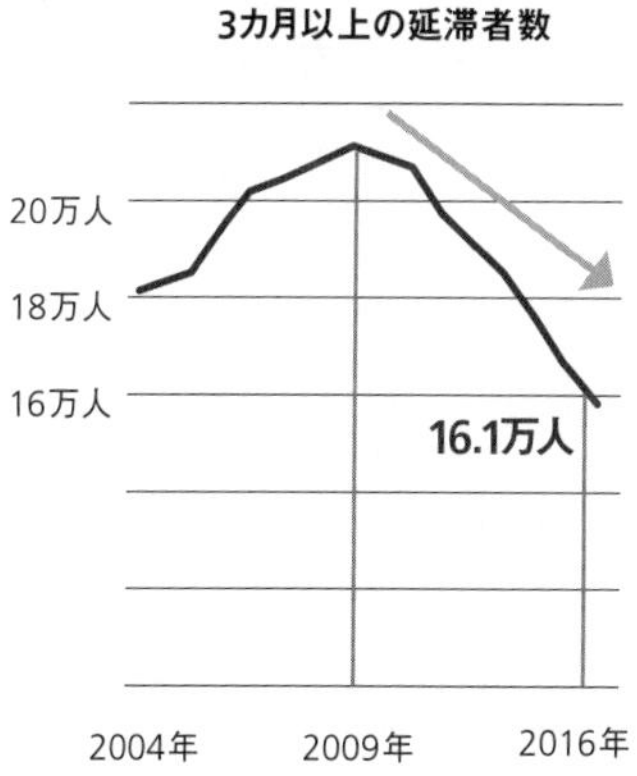

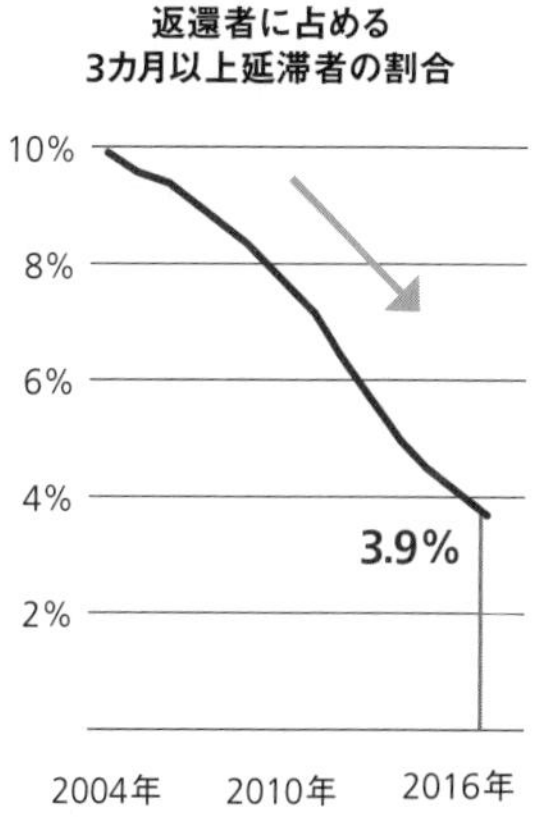

図表2、3／日本学生支援機構「奨学金事業への理解を深めていただくために」（2017年11月）をもとに作成。

減っているのである（図表2、3）。

奨学金を通して高等教育を受けることができ、卒業後にコツコツと返済を続けている400万近くの人のことは触れずに、延滞者だけをクローズアップしてきたのが、これまでのメディアの論調だったわけだ。

「延滞者急増」という報道は現実の一面であり、解決していかなければならない課題であることは確かだ。しかし、それと同時に全体像をしっかりと正確に把握した上で、課題解決の糸口を探っていかなければならない。奨学金延滞者の数は急増しているが、それ以上に貸与者全体の人数が急増している。そして、全体の中の延滞者の比率自体は少しずつ減ってきて、改善している。これが全貌なのだ。

数字はみせ方次第で印象が変わってしまう。数字のカラクリに振り回されずに、全体像を俯瞰しながら、詳細についても丁寧に精緻にみていくことで課題解決の糸口がみえてくるはずだ。

日本学生支援機構は「サラ金よりも悪質」か？

『週刊金曜日』（2013年11月8日号）に掲載された「日本学生支援機構の利息収入は232億円——奨学金はサラ金よりも悪質」という記事がネット上で話題になり拡散された。

若者に苦境を強いる奨学金の実情を知ってほしい——。反貧困全国キャラバン2013のシンポジウム「奨学金　何が問題なのか？」が一一月四日、神戸市で開かれ、同問題に詳しい中京大学の大内裕和教授が実情を紹介した。

「成績優秀者などで無利子に貸与される第一種より、多くは利息付きの第二種。たとえば、毎月一〇万円借りれば利率三％で返還総額は六四六万円。毎月二万七〇〇〇円となり完済まで二〇年かかる。非正規労働にしか就けない若者に返せるわけがない。返済の順が延滞金、利子、元金なのでいつまでたっても元金が返還できない」と指摘。「ともに奨学金を借りていた大卒の二人が結婚すれば夫妻で一三〇〇万円近い借金を抱えることすらあ

に無関係な銀行と債権回収会社なのだ。奨学金制度の闇をあぶり出すときだ。

（栗野仁雄・ジャーナリスト、『週刊金曜日』11月8日号）

記事中では、中京大学の大内裕和教授の「成績優秀者などで無利子に貸与される第一種より、多くは利息付きの第二種。たとえば、毎月一〇万円借りれば利率三％で返還総額は六四六万円。毎月二万七〇〇〇円となり完済まで二〇年かかる。非正規労働にしか就けない若者に返せるわけがない」といったコメントや、聖学院大学の柴田武男教授が「学生支援機構はサラ金よりも悪質とも言えるが、日本育英会が母体で国民が信用してしまっている」と指摘したことを紹介している。

では、**本当に「学生支援機構がサラ金よりも悪質」**なのか、比較検証してみたい。

まず、大内教授が語る利率3％だが、すでに確認した通り、これはあくまで上限値であって、実際には市場金利に合わせて金利設定される。この記事が書かれた2013年11月時点で、変動利率の場合が0・20％（2013年は0・

20%〜0・30%)、固定利率でも0・89%(2013年は0・79%〜1・09%)だ。さらに、近年のマイナス金利政策の余波を受け、2017年11月現在では、変動利率0・01%、固定利率もわずか0・23%にすぎない(日本学生支援機構「平成19年4月以降に奨学生に採用された方の利率」より)。

この上限利率3%が実際の利率であるという初歩的な勘違いは、大学教授やメディアでも当然のように流布しており、それが奨学金悪玉論の一つの要因となっている。

そして、いわゆるサラ金といわれる消費者金融の利率だが、日本貸金業協会によると、消費者向け無担保貸付の平均利率がおよそ15%(日本貸金業協会「月次統計資料」2017年11月発行より)。仮に上記に挙げられている例で月10万円を4年間借りた場合(総額480万円)を返済しようとすると、毎月6万円返済しても利息分にしかならず、元本はまったく減らない。これが学生支援機構の変動利率0・3%程度(2013年時点)が継続すると仮定すると、毎月約2万円を20年間で返済が可能となり、利息分は20年間で20万円ほどだ。利率0・1%であれば、利息分はさらに減ることになる。サラ金とどれだけ違った、ありがたい制度かわかる。

ちなみに、「サラ金より悪質」と指摘する上述の柴田武男教授が教鞭をとる聖学院大学では、みずほ銀行の教育ローンが紹介されているが、記事が書かれた2013年11月時点（当時筆者確認）で、変動が3・375%、固定が4・80%（2017年12月現在では変動3・475%、固定4・250%）だ。一般の銀行による教育ローンと比較しても、学生支援機構の有利子奨学金はかなり待遇がよいことがわかる。

ではなにが、大学教授にまで「学生支援機構はサラ金より悪質」とまでいわせてしまったのだろうか。それは、**延滞者に対する返済催促のあり方**に要因があると私はみている。

奨学金でも延滞すればブラックリスト

奨学金利用者数全体が増えている中で、延滞利率は下がっているものの、依然多くの延滞者がいることは先に触れた通りだ。では、延滞者への対応はどのようになっているのだろう。

日本学生支援機構は、奨学金返済の延滞が3カ月以上続くと個人信用情報機関に登録するという措置を2008年から取っている。いわゆるブラックリストだ。そうなると、クレジットカードの発行ができなくなったり、自動車ローンや住宅ローンなどが組めなくなったりする場合がある。

これは、2008年6月に行われた有識者会議によって取りまとめられた提言によるものだ。おそらく、「奨学金延滞者が急増している」といった報道や世間の批判が目立つようになり、その対策として、延滞者を減らし、返還率を高めるために行われた措置の一つだと推測する。

また、**6カ月以上延滞が続くと、延滞分に対してより高い利率の延滞金が課されることになる。**日本学生支援機構の場合、この延滞金の年率が10%と設定されていた。利息制限法では最大20%(貸金業者の営利的金銭消費貸借の場合)とされており、多くの消費者金融は20%に、一般の銀行は14%から19・9%に設定しているところが多い。奨学金の延滞金年率は、一般のそれよりも低いとはいえ、それでも奨学金という趣旨からすると10%は高いという印象があった。「奨学金はサラ金より悪質」といった批判は、こういったブラックリストの登録や延滞金年率など延滞者へのペナルティの厳しさから出てきていたものと思われる。事実のみを比較すると、延滞金年率も消費者金融や銀行よりも低い待遇のよいものであった。しかし、そういった世間の批判の声を背景に、2014年には、延滞金年率が10％から5％へと大幅に引き下げられた。

また、奨学金批判でよく挙げられるのは、**延滞が続いた場合の取り立ての厳しさ**だ。文書だけでなく電話での督促《とくそく》が、日本学生支援機構の職員だけでなく、業務委託された債権回収会社からも行われる。自宅や携帯電話の番号で連絡が取れない場合、勤務先に電話がかかってくることもある。さらに、長期間延滞が続き、9カ月が過ぎると、裁判所に支払い督促の申し立てがなされるなど、法的措置がとられることになる。しかも、返還未済額の全額と利息、延滞金の一括返還が請求されるのだ。ここまできてしまうと、まさに「奨学金地獄」の状況に陥ってしまうことになる。この法的措置がとられるまでの延滞期間も、消費者金融や一般金融よりは長めに設定されているが、それでもかなり厳しい取り立てであることは否めない。

とはいえ、奨学金といえども、お金を貸しているという事実に変わりはない。

返済が滞っている人に対して、なんの督促もペナルティも科さなければ、そのまま返還されなくなってしまうだろう。そうなると、次の必要としている学生に貸与する原資がなくなり、奨学金制度そのものが成立しなくなってしまう。今や大学生の2人に1人が利用している制度が破綻してしまうことになるのだ。

延滞者を減らすために一定のペナルティ制度を設けなければならないという方針と、公的制度である奨学金としてそこまで厳しくすべきではない、という二つの考えのせめぎ合いの中で、日本学生支援機構の奨学金制度は模索されてきたといえよう。**返さない人が増えてきたら、税金の無駄遣いだと批判され、返してもらうために厳しいペナルティを設けると、サラ金よりも悪質だと批判される。**それが、奨学金制度の直面している現状なのだ。

奨学金は「学生ローン」に名称変更すべき?

奨学金問題の議論では、奨学金という名称に対する指摘もよく上がってくる。たとえば、「奨学金という名前が誤解を与えている。給付ではなく返済が必要なのだから、学生ローン(または教育ローン)という名前に変えるべきだ」というものだ。

奨学金にも給付型と貸与型があること。貸与型奨学金は借金であり、返還の義務があること。利子によって返金額が変わること。本書でも整理してきたように、そういった奨学金に関する基本的な知識と金融リテラシーを、借りる側も高める必要がある。

しかし、「奨学金」という名前のせいなのか、貸与型奨学金が借りて返すものであることすら知らなかったという人が、思いのほか多いのだ。

日本学生支援機構の「平成27年（2015年）度奨学金の返還者に関する属性調査」によると、借りる手続きを行う前に返済義務があることを知っていたのは、奨学金を延滞している人では51・2％しかいない。無延滞者の88・6％は申込手続きを行う前に返済義務を知っていたのに対して極めて低いという調査結果が明らかになっている。つまり、**奨学金を延滞している人の48・8％、約半数が、借りる手続きを行う前に返済義務があることを知らなかった**ということだ。この返済義務を知らなかった割合は、延滞者に限ると貸与中であっても36・1％にものぼる。衝撃の調査結果だ。

いくら「貸与型」と明記し、返還義務があることを説明しても、「奨学金」という名前が、「返済しなくてもよい、もらえるもの」という誤解や、「返せなくなったら大目にみてもらえるだろう」といったような甘えを与える要因になっているのであれば、名称変更は一つの改善策として考えられる。たとえば、**「学生ローン」**などの名称が考えられるだろう。

ちなみに、「国の教育ローン」や銀行の「教育ローン」は既に存在しており、親向けのローンであることと、日本学生支援機構の貸与型奨学金よりも利率が高いことが特徴だ。貸与型奨学金を「学生ローン」と名称変更することで、親ではなく学生向けのローンであり、さらに給付型ではなくて返済義務のある金融制度であることがより明確になる。

条件はいいがあくまで借金であり、卒業後に借りたお金は返す責務があることを学生にしっかりと理解してもらい、借りる際に、本当にその金額を将来返すことができるのか、真剣に考えるよう促す効果はあるのかもしれない。

一方で、懸念される点もある。**「奨学金」という公的性を帯びた名称を外し、「ローン」というビジネスライクな名称に変更することによって、利率を可能**

な限り低く設定するという、現在働いていると思われる社会的な効力が薄れる可能性があることだ。

日本学生支援機構の第二種有利子奨学金と金融機関の教育ローンの利率は先も比較したが、機構の場合、上限利率３％だが、実際には市場金利に合わせて金利設定され、２０１７年11月現在で、変動利率が０・０１％、固定利率でも０・２３％だ。ほぼ無利子に近い状態である。一方、みずほ銀行の教育ローンの場合、２０１７年12月現在で、変動３・４７５％、固定４・２５０％になっている。この利率の差が大きいことはいうまでもない。

だが、もし奨学金という名前を外して学生ローンという名称にすれば、たとえ利率が現状よりも上げられ、しまいには上限の３％に設定されても、批判されづらくなることは予測される。「奨学金」ではなく「ローン」なのだから、一定の利率があるのは当たり前だからだ。

実際に、日本政策金融公庫が行う国の教育ローンは、親が対象だが、２０１３年時点で利率が２・３５％、２０１７年12月現在で１・７６％の固定利率に設定されている（日本政策金融公庫「教育一般貸付（国の教育ローン）」を参考）。

金融機関の教育ローンよりも低いが、日本学生支援機構の有利子奨学金の固定利率0・23％よりは高い設定だ。

貸与型奨学金も学生ローンという名前になれば、このくらいに利率が上げられる可能性は否定できない。回収方法が今以上にビジネスライクになることも考えられよう。

そういった可能性も十分に考慮しつつ、**たとえば、利率を可能な限りおさえる計算式を明文化、規則化した上で、貸与型奨学金から「学生ローン」への名称変更を検討するのは一考に価するだろう。**

大学進学率の上昇と私立大学設立ラッシュ

奨学金の延滞者だけでなく、利用者そのものが増えてきたことは何度も触れてきたが、その背景についても考えてみたい。一つは、**奨学金を利用しての大学・専門学校等への進学率が上昇した**ことだ。

過年度卒業者を含む大学進学率は1990年に24・6％だったのが、2017年に52・6％に上昇している。専門学校進学率は2017年に22・4％、短大進学率が２０１７年に４・７％、高等専門学校進学者は０・９％なので、これらも含めて合計すると、２０１７年の高等教育機関への進学率は80・６％になる（「学校基本調査　年次統計」を参考）。

この進学率の上昇は、私立大学の設立ラッシュと軌を一にしている。１９８０年からの国内の大学数の推移は図表４の通りだ。１９８０年からの30年間で、国公立大学は50校ほどしか増えていないのに対して、私立大学は３００校近く増え、約２倍に膨れ上がったことになる。まさに、私立大学の設立ラッシュ時期だ。

当然、私立大学の在籍者数も、図表５の通り、１９８０年の約１３７万人から２０１７年には約２１２万人と、約75万人増えている。この間、少子化が進んできたにもかかわらず、１９９０年のバブル期前後に私立大学が多数新設され、大学進学者数も急増してきたわけだ。

一方で、奨学金貸与者数は１９９８年度には38万人だったのが、２０１３年度は約１３４万人と、その間に96万人増え、およそ３・５倍に急増していることは先に紹介した通りだ。

図表4　国内の大学数推移（校）

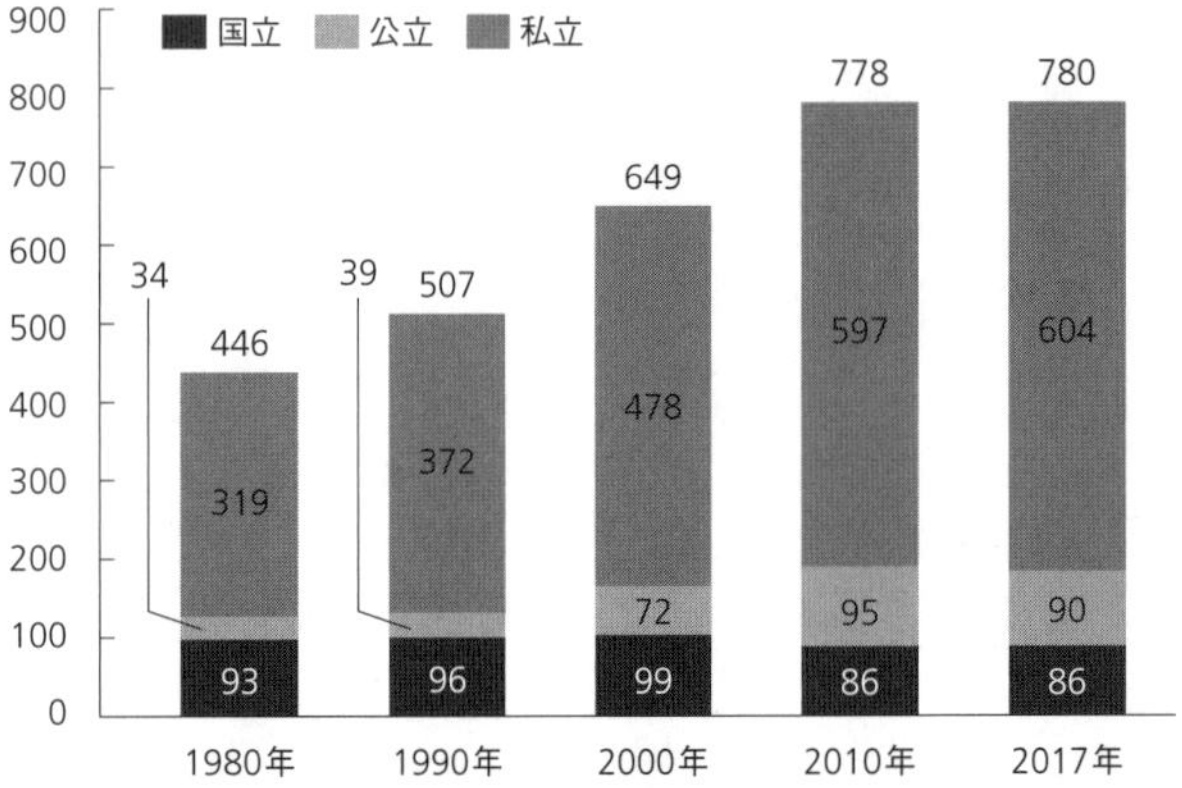

図表5　国内大学の在籍者数推移（人）

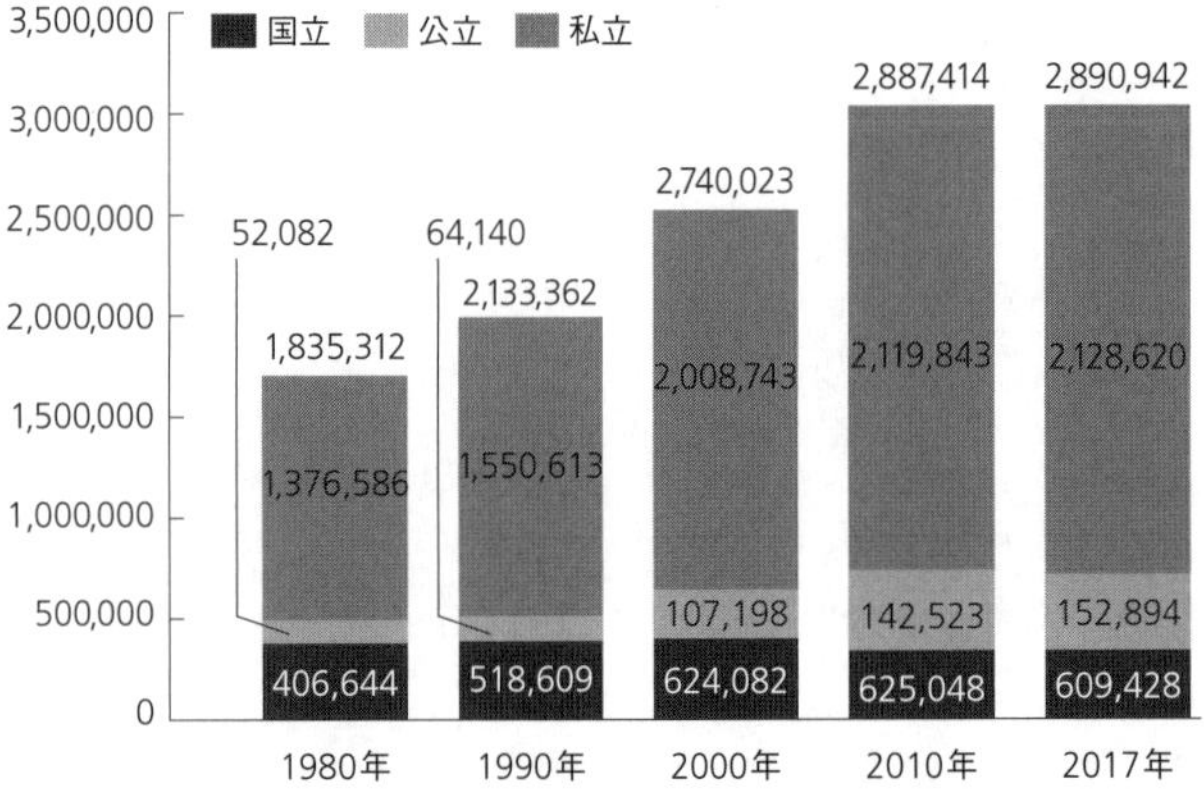

図表4、5／「学校基本調査 年次統計」をもとに作成

もちろん、私立大学の授業料は国公立大学よりも高い。大学に通い、卒業するためにはより多くの費用が必要だ。家庭に経済的余裕があれば費用を工面できるだろうが、大学進学率が上昇し、私立大学に通う母数が急増した中で、経済的余裕のない家庭も多くなったことは想像に難くない。

私立大学の設立ラッシュと私立大学生数の急増が、奨学金のニーズを高め、同時に制度としても貸与者数に人数制限が少ない有利子の第二種奨学金が拡大したことで、結果的に奨学金貸与者数の増加につながったと考えられる。

捉え方を変えると、奨学金制度は、大学（特に私立大学）の主要収入源である入学金・授業料を、学生たちが支払えるようにするための制度であり、設立ラッシュとなった私立大学への間接的支援制度だとみることもできる。

ちなみに、文部科学省資料「国公私立大学の財政の状況」によると、私立大学の収入に占める授業料などの学生生徒等納付金の割合は76・5％（２００８年）だ。**私立大学への国からの補助金はここ数十年ほぼ横ばいにおさえられてきた代わりに、日本学生支援機構の奨学金が、学生を通して大学の授業料収入となり運営を支えてきたのである。**一方で、**貸与型奨学金という借金のリスク**

を負っているのは学生本人たちだ。お金の流れをたどってみると、そんな教育とお金の構造が浮かび上がってくる。

チェックすべき大学別奨学金延滞率

1990年のバブル期前後に、私立大学設立ラッシュと奨学金貸与者急増の時期が重なっていることについて述べてきた。また、日本全体での奨学金貸与者数や延滞者数、延滞率の推移などもみてきた。では、**出身大学別の奨学金延滞率**に違いがあるのだろうか。

日本学生支援機構は、2017年4月に初めて、大学別の奨学金延滞率をホームページ上で公開した（「学校毎の貸与及び返還に関する情報」）。機構のホームページでは、学校ごとに個別に検索してのみ確認ができるようになっており、全体を一覧することはできない。しかし、そのデータをもとにして、東洋経済オンラインが大学別奨学金延滞率のランキングを独自集計して発表した。

機構のホームページ上では、「ここで明らかになる情報は、各学校の一側面を表しているもので、状況を相対的に比較できるものではないことにご注意ください」と記されている。その通りで、奨学金延滞率のみがその大学の質をすべて表すものではないし、学生数や奨学金貸与者数そのものが少なく、わずかの延滞者で延滞率が大幅に変わる大学もある。あくまで参考資料の一つとすべきであることを踏まえた上で、大学別の奨学金延滞率を確認する必要がある。

東洋経済オンラインが集計発表した、過去5年間の貸与終了者に占める2015年度末時点で3カ月以上延滞している者の比率大学別ランキングのうち、延滞率が高かった大学15校を抜粋すると**図表6**の通りになる（都道府県と大学設置年を追加）。

延滞率は、その大学出身者の奨学金貸与終了者数を分母にし、そのうち3カ月以上延滞者数を分子にした割合だ。先に触れた通り、日本全体でみると、この延滞率は2004年度の9・9％から2016年度は3・9％と減少している。

つまり、大学の延滞率が3・9％よりも高い場合、全体の平均よりも高いということになる。**延滞率の高い大学の傾向をみると、すべてが私立大学であること、また大学設置年が1987年以降の比較的新しい大学が15校中12校と多**

図表6　大学別の奨学金延滞率（上位15校）

大学名	都道府県	大学設置年	奨学金延滞率	3カ月以上延滞者数	貸与終了者数	学生数
至誠館大学	山口県	1999年	9.93% (13.86%)	15人	151人	181人
鈴鹿大学	三重県	1994年	7.32% (7.98%)	15人	205人	211人
東大阪大学	大阪府	2003年	7.28% (4.66%)	19人	261人	255人
沖縄大学	沖縄県	1974年	6.66% (5.70%)	110人	1651人	1800人
芦屋大学	兵庫県	1964年	6.45% (9.09%)	20人	310人	749人
日本経済大学	福岡県	1968年	5.52% (4.78%)	76人	1378人	853人
サイバー大学	福岡県（通信）	2007年	5.41% (6.52%)	4人	74人	1563人
太成学院大学	大阪府	1987年	4.85% (5.47%)	55人	1134人	1078人
愛知文教大学	愛知県	1998年	4.84% (5.26%)	3人	62人	158人
四日市大学	三重県	1988年	4.83% (3.85%)	17人	352人	540人
プール学院大学	大阪府	1996年	4.69% (7.37%)	19人	405人	541人
星槎大学	神奈川県	2004年	4.62% (1.49%)	3人	65人	4159人
札幌国際大学	北海道	1993年	4.57% (5.67%)	48人	1051人	1155人
武蔵野学院大学	埼玉県	2004年	4.55% (4.86%)	9人	198人	283人
九州情報大学	福岡県	1998年	4.53% (6.47%)	11人	243人	209人

2015年度末データ、カッコ内は2014年度末時点。
東洋経済オンライン「独自集計! 全大学『奨学金延滞率』ランキング
——平均は1.3%、延滞率5%以上の学校は7校」（2017年4月20日）をもとに抜粋・編集。

いことがわかる。延滞率上位16校目以降も、延滞率の高い大学には同様の傾向がみて取れる。データをみると、奨学金延滞率が比較的高い大学のうち、私立大学設立ラッシュ時期に設置された大学の割合が高い傾向にあるようだ。

一方で、奨学金延滞率の低い大学をみると、医療系大学や国公立大学が多い。延滞率０％、つまり３カ月以上の延滞者が出身者にいない大学は２０１５年のデータでは41校あった。その大半が医科大学、看護大学、薬科大学だ。やはり、卒業後の就職が専門職として見通しがつく学科や大学のほうが、結果的に奨学金延滞率も低くなっている。

医療系大学以外では、奨学金延滞率が低いのは国公立大学も目立つ。福山市立大学（広島県）０％、秋田県立大学（秋田県）０・０８％、東京農工大学（東京都）０・１２％、富山県立大学（富山県）０・２０％、金沢大学（石川県）０・２３％、上越教育大学（新潟県）０・２４％、名古屋大学（愛知県）０・２４％などが健闘している。ちなみに、東京大学は延滞率０・４１％、貸与終了者数４１０５人のうち３カ月以上延滞者は17人だ。国立大学の中では平均的、全体の中では低い延滞率だ。

もちろん、医療系大学や国公立大学がよくて、設立が新しい私立大学が悪いということを述べるつもりはまったくない。ただし、全体の傾向としては、90年バブル期前後に起きた私立大学の設立ラッシュ時に、少子化傾向とは裏腹に大学進学者が増加。それに伴い奨学金貸与者も急増し、結果的に奨学金延滞者も急増しているのはデータからも明らかだ。このような構造が、奨学金問題の一因となっていることは押さえておきたい。

そういった全体的傾向にある中、各大学が個別に大学教育や就職支援を充実させたり、学生本人が自分の将来にとってどの大学でなにを学ぶかを吟味《ぎんみ》したり、奨学金を借りることの意味やそのリスクとリターンを真剣に考えることが、もっと進むべきだと考える。

「奨学金はサラ金よりもひどい」といった乱暴な議論でイメージだけを先行させるのではなく、データに基づいて各自が奨学金問題を自分事として考え、また国の教育政策や大学の教育プログラムの改善をはかるべきだろう。

外国人留学生への奨学金

これまで日本人を対象とした奨学金について考察してきた。実は、**日本の奨学金制度には、これとは別に外国人留学生を対象としたものもある。**基本的に、外国人への奨学金は貸与型奨学金ではなく給付型奨学金が採用されている。

国費外国人留学生（研究留学生）は、大学院修士課程の留学生の場合、月額で14万4000円の給付型奨学金が支給される。また、日本への往復旅費も支給され、大学授業料は大学側が負担することになっている。支給額で年間約172万円、旅費や大学授業料分も含めると、一人当たり年間約250万円から300万円近くの奨学金が給付されていることになる。学部レベルでも月額11万7000円と高額だ。この国費外国人留学生は2015年度で9223人になる（文部科学省「2018年度渡日　奨学金留学生募集要項」を参考）。

さらに、私費留学生に対しても給付型奨学金を支給しており、大学院・学部レベルともに月額4万8000円、年間にして57万6000円だ（日本学生支援機構「留学生受入れ促進プログラムについて」より）。

これらの国費留学生と私費留学生の外国人とを合わせて、毎年2万人近くに奨学金が貸与ではなく給付として支給されている。ただし、近年増え続けている外国人留学生の総数からみると、奨学金を受給している留学生はおよそ8％だ。

出身国別の留学生数をみてみよう。２０１７年5月1日現在で、全留学生26万７０４２人のうち、10万７２６０人が中国出身だ。割合としては40・２％になる。続いて、ベトナム６万１６７１人、ネパール２万１５００人、韓国１万５７４０人と続く（日本学生支援機構「平成29年度外国人留学生在籍状況調査結果」より）。

ちなみに、この日本国内の留学生数全体における中国人留学生の割合は、近年になって減っている。２０１１年5月1日現在の統計をみると、全体13万８０７５人のうち中国出身者が８万７５３３人と、63％を占めていた。また２番目の韓国が１万７６４０人で、３番目以降は５０００人未満だった。（日本学生支援機構「平成23年度外国人留学生在籍状況調査結果」より）。

すべての留学生に奨学金が支給されているわけではないからこそ、現状の給付型奨学金の金額設定が妥当であるのか、また幅広い出身国の留学生に対して行き届いているのかは厳密にチェックする必要があるだろう。

一方で、日本人が海外に留学するための給付型奨学金制度も存在する。ただ、その予算規模は57億円程度と、外国人留学生奨学金の予算（2017年度）約222億円の4分の1である（日本学生支援機構「JASSO概要」より）。

日本人には給付型奨学金がほとんどなく、多くの人が貸与型奨学金の返済に苦しんでいる中、一部の外国人には待遇のよい給付型奨学金が支給されているという状態が続いていたことも、奨学金問題への風当たりが強くなった一つの要因ともいえよう。

私はこのことを2012年頃から、BLOGOSなどネットメディア上で指摘してきた。同じ頃、第二次安倍政権になってからは、留学政策も戦略的外交の一環として考える傾向が出てきた感がある。近年になって、中国や韓国出身の留学生数が割合としては減少傾向にあり、代わりにベトナムやネパール、インドネシア、ミャンマーなどからの留学生が増えてきたのは、その影響によるところもあるかもしれない。

いずれにせよ、一部の外国人留学生には好待遇の給付型奨学金が支給される一方で、日本人には貸与型奨学金が主流という現状がある。日本が経済的に豊かな国であった時代であれば、それもうなずけるかもしれないし、この国で学ぶすべての学生に必要な教育機会を提供できるのが理想である。しかし、一人当たりの名目GDPでみると、日本はかつて世界第3位だったのが、2016年は22位にまで下がっている。超少子高齢化によって、今後も労働生産人口が減り、高齢者の割合がさらに増していくので、ますます貧しい国になる。そんな中で、一部の外国人を優遇する奨学金制度が戦略的に正しいのか、持続可能なものなのかを議論する必要はあるだろう。特に、国費外国人留学生制度は、まだ日本への外国人留学生が少なかった時代には私費留学生も増やす呼び水効果もあったが、留学生自体が増え続けている今日において、その役割がどの程度機能しているか吟味しなければならない。

教育費を家庭負担に頼ってきた日本

政府の公的教育費支出の配分をみてみると、その国の教育政策の考え方を読み解くことができる。

ＯＥＣＤの報告書「図表でみる教育２０１７年版」によると、２０１４年時点での日本における教育機関に対する教育支出の私費負担の割合は、就学前教育54％、初等・中等教育8％、高等教育66％、全教育段階28％だ。ＯＥＣＤ加盟国の平均では、それぞれ18％、9％、30％、15％となっている。**各国と比べると、初等・中等教育の私費負担の割合は低いが、就学前教育と高等教育の私費負担がかなり高いことがわかる。**特に高等教育の私費負担は、ＯＥＣＤ加盟国の中で、イギリス（72％）についで2番目に高い状況だ。日本の次に高いのは韓国、アメリカ合衆国、チリ、オーストラリアなどが続く。高等教育の私費負担が低いのはフィンランド、ノルウェーなど北欧諸国で、10％以下におさえられている。

日本の場合、初等・中等教育という誰もが受ける基礎教育には公費を比較的多く支出するが、大学等の高等教育は個々人が進学するかどうかを選択するものであるという考えから、公平性の観点も踏まえて公費負担をおさえ、選択をした個人または家庭の私費負担に頼ってきたことになる。

大学進学者の割合がさほど多くない時代には、それでも制度としては成立していた。しかし、今日において、大学進学率は52％、高等教育進学率は80％にも上昇している。勉強ができて経済的に余裕のある限られた家庭だけでなく、ほとんどの家庭が高等教育に進学するのが当たり前の時代になった。にもかかわらず、**高等教育の公私費負担の割合はほとんど変わらないまま教育政策が維持されているため、そのひずみとして、貸与型奨学金の貸与者急増というかたちで、家庭の私費負担がカバーされてきたというのが実態だ。**

実際に、過去の統計データをみると、１９９６年時点の高等教育の私費負担割合は59・８％、２００４年時点は58・８％と、２０１１年時点の66％よりも低い（文部科学省「教育指標の国際比較」平成20年版より）。いずれにせよ、各国よりも高い傾向にあることに変わりはないが、**ここ十数年で高等教育の私費負担割合がやや増えているのは、高等教育進学率が上昇し、私立大学への進学者割合が増えたことが要因だと考えられる。**

大学や専門学校などの高等教育に進学したいというニーズの高まりに対して、政府の教育政策としては公的支出を増やさずに、私立大の設立は認可するという方針をとってきた。日本の私立大学の多くは企業や個人の寄付によって設立運営されているというよりも、学生の授業料収入によってまかなわれている。結果として、家庭の私費負担の割合が増え、個人が借りる貸与型奨学金に頼ってきたのである。

大学進学という投資はリターンもリスクも上がってきている

大学進学にはお金がかかるわけだが、それでも多くの人が大学に進学しようとするのは、純粋に勉強を続けたいというだけでなく、将来の収入に違いが生じるからだ。つまり、**大学進学には、お金をかけてでもそれ以上のお金を回収するという、投資の意味合いがある。**

厚生労働省の「平成28年（2016年）賃金構造基本統計調査」の賃金データ、及び「平成25年（2013年）就労条件総合調査」の退職金データからの推計値によると（NIKKEI STYLE『学歴なんて関係ない』の真実生涯賃金これだけ違う」2017年5月10日参照）、生涯賃金は、男性の大学卒で2億8653万2740円、高校卒で2億4006万4980円と、4600万円の違いがある。女性は大学卒で2億3578万8500円、高校卒で

1億8410万6620円と、5100万円の違いだ。

大学進学した場合の入学金・授業料を、仮に私立大学としておよそ450万円とし、高卒から4年間働いて得られたであろう賃金240万円×4年間＝960万円とすると、それらを合わせて、1410万円が大学進学した場合の投資額となる。1410万円の投資に対して、生涯賃金が男性の場合4600万円、女性の場合5100万円の違いが生じるとすると、それぞれ3190万円、女性は3690万円のリターンを得ることになる。もちろん、大学受験のために塾や予備校に通った費用、私立中高に通った場合の公立との授業料の差なども、そこから差し引かれるが、それでも多くのリターン額が残ることとなる。

月額賃金でみると、全年齢を平均した場合、男性は大学卒39万9700円、高校卒28万8100円と、11万1600円の違い、女性は大学卒28万8700円、高校卒20万8300円と、8万400円の違いがある。賃金のピークでみると、男性は50〜54歳で、大学卒53万5200円、高校卒34万7000円と、18万8200円の違いある。女性も50〜54歳で、大学卒39万2700円、高校卒22万6400円と、16万6300円の違いだ。

これらの大卒と高卒の賃金格差は時代によって変化が生じているのだろうか。過去の統計をみてみると、「平成11年（１９９９年）賃金構造基本統計調査」では、全年齢を平均した賃金が、男性は大学卒39万８９００円、高校卒31万３９００円と、８万５０００円の違い、女性は大学卒27万４４００円、高校卒20万３９００円と、７万５００円の違いがある。賃金のピークでみると、男性は50〜54歳で、大学卒58万８７００円、高校卒40万７９００円と、18万８００円の違いある。女性のピークは大学卒が60〜64歳で48万２１００円、高校卒が50〜54歳で22万６０００円と、25万６１００円の違いだ。

男性の大学卒の平均賃金はほとんど変わらないが、高校卒の平均賃金が過去に比べて減少していることがわかる。女性の場合、大学卒の平均賃金が上がり、高校卒は変化がない。**高卒と大卒の賃金差は、ここ20年で男女ともに増加しているることがわかる。つまり、大学進学することのリターンは上がっているのだ。**

一方で、大学進学したからといって、確実にリターンが得られるかどうかわからない。実は、学歴別の賃金格差だけでなく、正規雇用と非正規雇用での格差が顕在化している。

同じく「平成28年（2016年）賃金構造基本統計調査」によると、全年齢の合計では、男性で正社員の賃金が34万9000円、正社員以外（非正規）は23万5000円と、11万4000円の違いがある。女性では正社員が26万2000円、正社員以外が18万8600円と、7万1600円の違いだ。大卒か高卒かの違いと同じくらい、正社員かそうでないかの賃金には大きな開きがあるのだ。

では、大卒者はどのくらい正社員になれているのだろうか。厚生労働省の「平成25年（2013年）若年者雇用実態調査」によると、大学卒の20・4％は正社員以外に就業している。高校卒の42・8％よりも低い値ではあるが、**大卒者といえども、5人に1人は正社員以外の非正規雇用で働いている**ことになる。そうなると、大学卒だからといって、安定した雇用や高い賃金が保障されるわけではない。

この値は、平成21年（2009年）の同じ調査では、大学卒の正社員以外の就業率は17・3％と、2013年よりも低かった。4年間で3・1ポイントも、大卒者の非正規雇用の就業率が上がったことになる。つまり、**大学を卒業した**

からといって、必ずしも正社員になれるわけではなく、そのリスクは年々上がっているのだ。

大学進学率が上がるにつれて、正社員のポストをめぐる大卒者間の競争も激しくなり、結果的に正規雇用されない大卒者が増えている。非正規雇用の場合、大卒だからといっても、職は安定せず、賃金は上がらず、生活は苦しい。一方で、大学進学のために借りた貸与型奨学金は返し続けなければならない。**大学進学という投資は、リターンも上がっているが、同時にリスクも上がっているのだ。**奨学金返済が社会問題化している背景には、こういった構造があることを知る必要がある。

奨学金は厳しい財政下で多くの人に機会を与えている

奨学金に関する基本的な情報や、奨学金問題が社会問題となるさまざまな背景についてみてきた。

貸与型奨学金の返済に苦しむ人が増えている背景には、日本の教育政策の特徴や社会構造の変化など、さまざまな要因が絡み合っている。日本学生支援機

た。

奨学金といえどもローンであることに変わりはないので、延滞した場合には督促があり、さまざまなペナルティが科されることになる。しかし、大学に進学すれば、必ず奨学金返済できるだけの安定した収入を得られるという100%の保証はない。むしろ、近年は大学進学率が上がり、大卒者の割合が高まったことも背景に、大卒者の非正規就業率が上がっている。失業するリスクもある。

誰もが高等教育に進学し、2人に1人は貸与型奨学金を借りる時代になった。**かつては特別なものだった奨学金が、今や教育とお金を語る上では、なくてはならないインフラになっている。**大学進学に必要な資金を工面するには、ほかの金融制度よりもずっと好待遇な制度であり、多くの学生にその恩恵を提供している。その受益者数でいえば、かつてよりもずっと多くの人に役立っているといえる。

一方で、多くの人が当たり前のように借りる時代になったからこそ、結果的に返せなくなってしまう人も増えてきた。お金を貸し借りする制度である以上、リスクがあることは確かだ。

では、そのリスクをどのように減らしていくことができるか。厳しい財政下でも、学生にとってより好ましい制度、日本の成長を促し、未来を切り拓くための支えになる制度へと改善できないかを考えていく必要がある。次章以降では、解決策のヒントを探るべく、教育とお金にまつわるさまざまなケースについて、日本と海外の事例を紹介していきたい。

第2章

貧乏でも東大に行けるのか？
――日本の「教育とお金」

第1章では、奨学金にまつわるさまざまな事実を紐解いてきた。奨学金は本来、教育の機会均等をはかるための一つの施策である。経済格差が教育格差に直結し、格差が固定化しないための方策だ。

第2章では、教育の機会均等という観点をより多角的に考察するため、奨学金以外の教育システムについて紐解いていきたい。わかりやすくいえば、どんなにお金のない貧困層の家庭に生まれたとしても、一生懸命努力すれば、よい教育が受けられる機会を得られる環境にあるのか、ということだ。

「貧乏でも東大に行けるのか？」という問いは、日本において教育の機会均等が担保されているのか、というテーマともつながるのである。本章では、私の実体験も交えつつ、さまざまな角度からこの問いについて考えていきたい。

「東大生の親は金持ち」？

「『東大生の親は金持ち』は本当だった！ もはや『教育格差絶望社会』なのか」という、キャリコネニュースの記事（2015年2月4日）がインターネット上で話題になり拡散された。記事では以下のように述べられている。

世帯主が40〜50歳で世帯年収が950万円以上ある家庭の割合は、一般世帯で22・6％に対し、東大生の家庭では57・0％を占めたという。

別の調査では、世帯収入900万円以上の大学昼間部の学生の家庭は31・8％。基準は異なるが、やはり東大生家庭の高年収は際立っていることが分かる。大手企業の学歴フィルターの存在が話題になっているが、学歴もしょせん「親のカネ」次第なのだろうか。

（中略）

ネット上ではこうした東大生世帯と一般世帯の「格差」に嘆きの声が上がっている。

「教育格差絶望社会？」

「所得格差がそのまま教育の質に直結してる感じ」

「実質は身分は世襲されてるのです」

親の年収や学歴が子どもの学歴と相関関係にあることは、いわば周知の事実だ。東大生の親の平均年収が高いというデータは、多くの人が想像していた通りだろう。

「東大の親は金持ちばかり」「貧しい家庭に生まれたら進学をあきらめないといけない」「塾や予備校に通わないと難関大学には行けない」「高い教育費を払わないと質の高い教育は受けられない」「日本の受験制度は不平等」などが、世間一般で考えられているイメージだろう。

私は、それらのイメージが日本社会の一つの傾向を表す事実だとしても、真の全体像を語り尽くしているとは考えていない。というのも、私自身が極貧家庭で育ち、小学校から高校まですべて公立校に通い、お金がないため塾や通信講座も一切やらなかったにもかかわらず、東京大学に進学できたからだ。東大では4年間すべて大学授業料免除の恩恵にあずかり、給付型奨学金月3万円を受給し、貸与型奨学金月8万円を借り、アルバイトもたくさんこなしながら、親からの仕送りゼロで卒業した。逆に、妹のために家に仕送りをしていたくらいだ。

私のケースは例外のように思えるかもしれないが、周りの東大の友人でも、地方公立高校出身で塾に通ったことがないという人は少なくなかった。鹿児島や兵庫、山形や北海道の公立高校から進学したり、岐阜の高専から工学部3年に編入したりしてきた友人もいた。彼らもまた塾に通ったことがないか、ごくわずかしか通っておらず、決して裕福な家庭ではない様子だった。やはり、貸与型奨学金を借りていたし、アルバイトをして学費や生活費を工面していた。

そういった経済的に苦労しながら東大で学んでいる学生も多く、「金持ちしか東大に行けない」というのは間違いだ。

上記の記事のように一部のデータだけを取り出し、イメージ先行で煽っているだけでは、全体像をつかむことはできない。これまでみえていなかった現実の側面にも着目し、冷静に分析することで、本当の問題解決の糸口がみえてくるはずだ。

東大生の8人に1人は低所得家庭出身

では、データから全体像をみてみよう。

まずは、大学生全般の家庭の年収はどのような状況になっているのか、日本学生支援機構が行った学生生活調査（２０１４年）のデータをみてみたい。大学昼間部に通う大学生の家庭の年収の割合は**図表7**の通りだ。

年収４００万円未満の割合は18・１％、９００万円以上の割合は31・４％、中間の４００万円以上９００万円未満の割合が50・５％と大半を占める。全体では平均年収が８２４万円となっている。一般的な平均世帯年収よりも高いように感じられるのは、子どもが大学に通っている家庭の年収であるため、親の年齢が年収の高い時期である50代前後が多いであろうことと、子どもが大学進学していない家庭よりも平均年収が高い傾向にあることが反映されているのだと思われる。

次に、東京大学の「２０１４年（第64回）学生生活実態調査」の２０１４年の最新データをみると、東大生の家庭の年収は、**図表8**のような分布となる。

親の年収が４５０万円未満は13・６％と、およそ8人に１人以上の割合を占めている。**8人に1人というと、イメージしやすいようにいえば、40人クラスのうち5人が低所得層ということだ。**小学校のクラスを思い出してみると、決して少ない割合ではないはずだ。また、７５０万円未満の家庭も含めると29・

図表7　昼間部に通う大学生の家庭年収の割合（%）

日本学生支援機構「平成26年（2014年）度学生生活調査結果」をもとに作成。

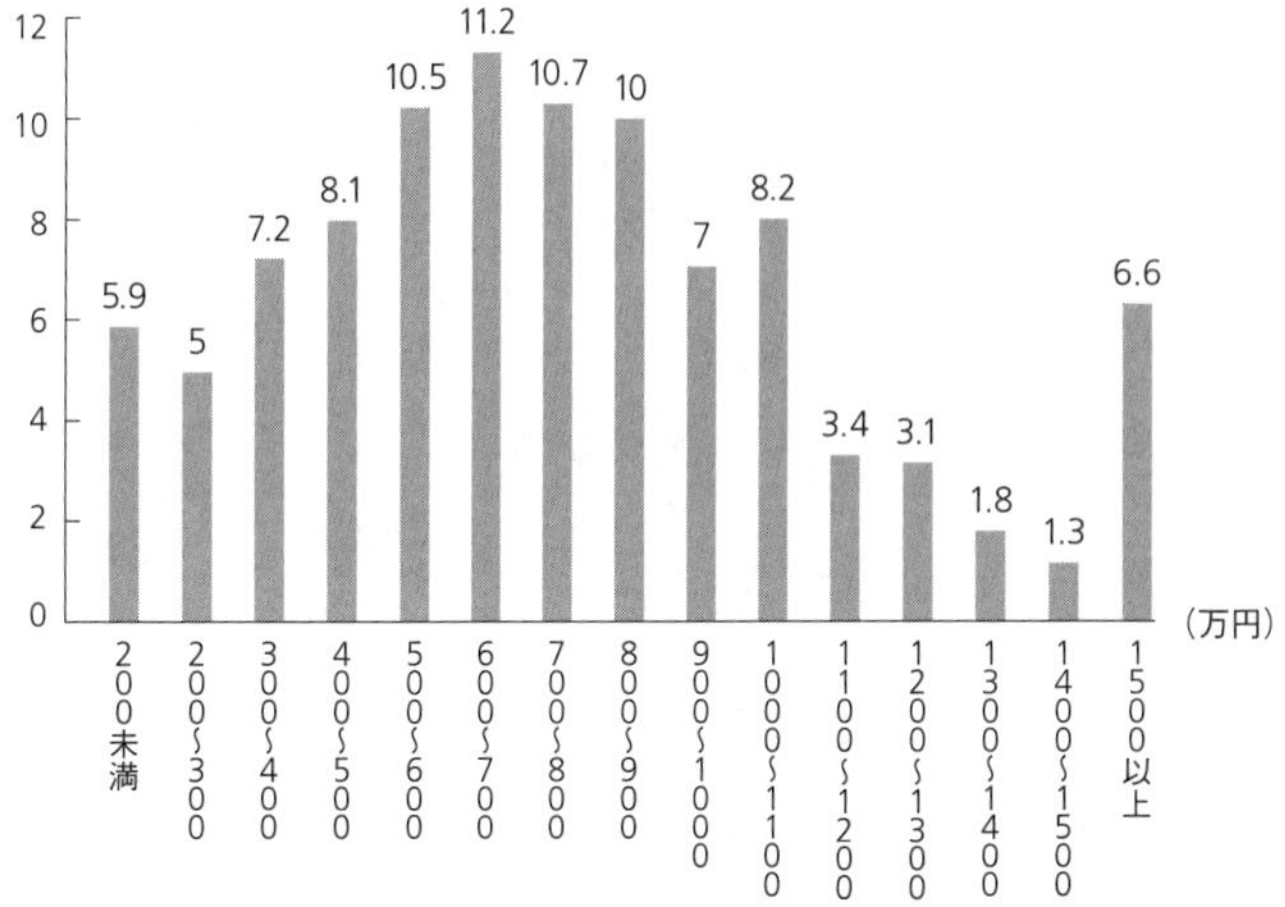

図表8　東京大学に通う大学生の家庭年収の割合（%）／2014年

東京大学「2014年（第64回）学生生活実態調査」をもとに作成。

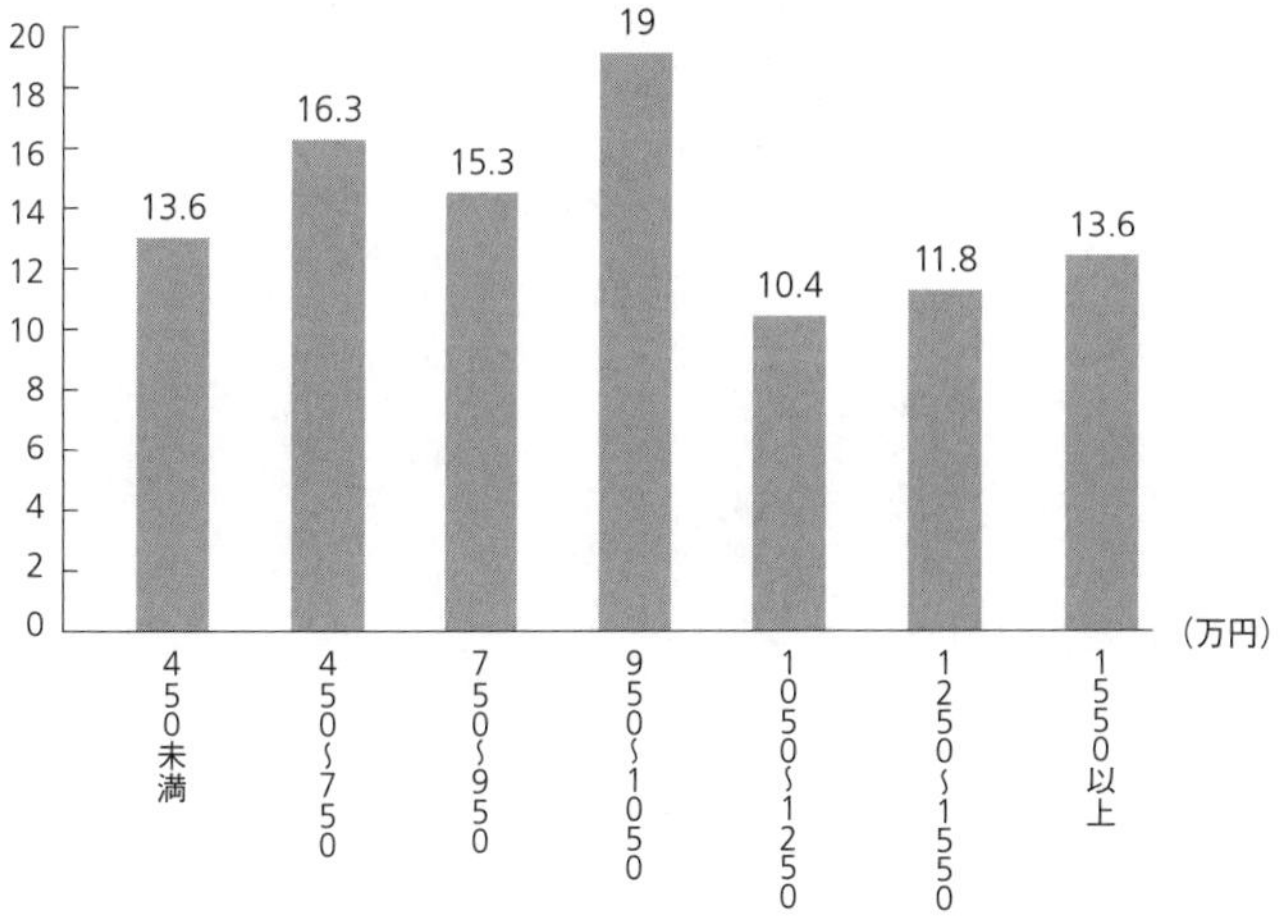

9％、およそ3割になる。一方で、950万円以上の割合は54・8％と、先に挙げた記事の2012年データの57・0％よりもやや低下している。1050万円以上にしぼると、35・8％となり、3人に1人程度の割合となる。

また、学部生ではなく、大学院生を対象とした、東京大学「2015年（第65回）学生生活実態調査」では、**図表9**のような分布となっている。大学院生の最新データでは、全体の36・5％、実に3人に1人以上は、年収が450万円未満なのだ。一方で、950万円以上の割合は、33・9％と450万円未満よりも少ない。これは、大学院生になると、親から独立し生計を別にする割合も一定数入ることが要因である。

これら全体のデータをみてみると、**東大生の家庭は、一般の大学生の家庭よりも、高所得層が割合として多いことが事実としてわかる。一方で注目すべきは、決して高所得とはいえない中所得層もかなりの割合おり、いわゆる低所得層の家庭も一定数存在する**ということだ。

このデータは、先に紹介した私の実感とも一致する。「金持ちしか東大に行けない」ということは決してなく、むしろ東大生といえども、親からの仕送り

図表9　東京大学に通う大学院生の家庭年収の割合（%）／2015年

東京大学「2015年（第65回）学生生活実態調査」をもとに作成。

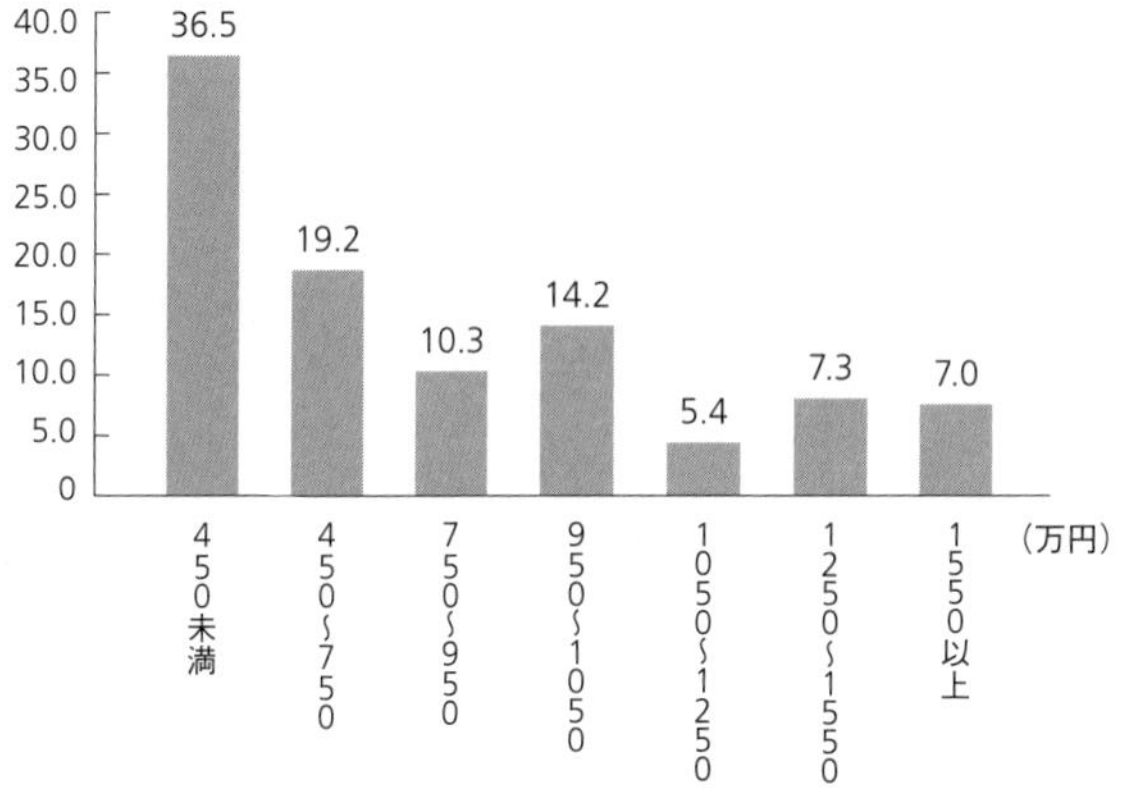

が少なく、奨学金やアルバイトで学費や生活費を工面しながら、苦学している学生は多い。

経済格差が教育格差を生んでいることも、傾向としては事実だ。しかし、そこで思考停止し、お金がなければいい教育は受けられないと絶望する必要はない。低所得層でも、さまざまな制度を駆使すれば道は開かれる。その制度を具体的にみていきたい。

意外に知られていない大学授業料免除制度

奨学金については、メジャーな社会問題として各種メディアに取り上げられ、多くの人が知ることとなった。一方で、同じ高等教育とお金に関わる制度である**「大学授業料免除制度」**については、メディアもまったくといっていいほど取り上げないため、一般的にはあまり知られていない。

その結果、家庭の経済状況によって大学進学をあきらめないといけないと、一般的に信じられているのではないだろうか。しかし、私自身は大学授業料免除制度の恩恵を受けて、授業料を4年間まったく支払わずに東大を卒業できた。しかも、そういった授業料減免を受ける大学生は決して特別な例外ではなく、かなりの人数いるのだ。

これだけ素晴らしい制度が知られていないのは、まさにもったいない話だ。では、メディアではあまり取り上げられないこの制度の実態をみてみよう。

日本には国公立大学と一部の私立大学で、家庭の経済状況と成績基準により授業料の全額または半額が免除される制度がある。

国立大学の年間授業料は2017年現在で標準53万5800円（月額約4万5000円）なので、4年間でおよそ215万円の給付型奨学金を受給するのと同じ経済的支援を受けることになる。

こういった授業料減免の恩恵を受けている学生は、文科省によると、2014年度の国立大学では述べ18万1000人、公立大学1万2000人、国立高等専門学校は述べ4000人、公立高等専門学校は400人、2015年度の私立大学は4万人だった（「家庭の教育費負担や公財政による教育分野への支出等」より）。ただし、国立大学や高専は延べ人数で計算されており、1人が2回分（2学期分）計算されているものもある。国公立2014年度実績と私立の2015年度実績を合わせた参考値ではあるが、国公私立の延べ人数の合計によれば、23万7400人が授業料減免の対象となったことになり、財政規模は約490億円となる。なお、私立大学については、国が予算補助している制度で、このほかに大学独自の授業料免除制度を設けているところもある。

では、具体的にどういった学生が授業料減免を受けられるのだろう。主に成績と家計の収入によるが、**成績は日本学生支援機構の第二種奨学金の学力基準との均衡を考慮するとあり、さほど厳しい基準ではない。したがって、家計収入によって減免が定められることになる。**

具体的には、世帯人数に対して免除を受けられる総所得額が設定されている。

図表10　総所得額の計算式

収入金額(税込)	所得控除金額
104万円以下	収入金額と同額(全額控除)
104万円を超えて200万円まで	収入金額×0.2+83万円
200万円を超えて653万円まで	収入金額×0.3+62万円
653万円を超えるもの	258万円

文部科学省「授業料免除選考基準の運用について」をもとに作成。

総所得額の計算方法は、たとえばサラリーマンの場合は、**図表10**の計算式で収入から所得控除額を差し引いたもの(収入―所得控除額)が総所得額となる。この計算式のほか、母子・父子世帯の場合や、きょうだいの有無ときょうだいが小中高大のいずれに通っているか、自宅通学か自宅外通学かなどによって、それぞれ特別控除額が定められている。

計算式によって算出された総所得額に対して、減免を受けられるかどうかは、**図表11**のように、世帯の人数に応じて全額免除と半額免除それぞれで基準額が決められている。

図表11　減免の基準額

世帯	全額免除	半額免除
1人	880,000円	1,670,000円
2人	1,400,000円	2,660,000円
3人	1,620,000円	3,060,000円
4人	1,750,000円	3,340,000円
5人	1,890,000円	3,600,000円
6人	1,990,000円	3,780,000円
7人	2,070,000円	3,950,000円

文部科学省「授業料免除選考基準の運用について」をもとに作成。

たとえば、３人家族の事例で考えてみよう。両親と本人の３人家族で、お父さんがサラリーマンで給与収入が６００万円、お母さんは専業主婦、本人は自宅外通学とする。お父さんの所得は、６００万―（６００万×０・３＋62万円）＝３５８万円。特別控除額は、本人が自宅外通学なので72万円。３５８万円―72万円＝２８６万円が総所得額となる。３人家族の場合、全額免除の収入基準額は１６２万円、半額免除の収入基準額は３０６万円なので、全額免除の対象とはならないが、半額免除の対象になる。なお、この３人家族で自宅外通学の事例では、お父さんの給与収入が628万円までであれば半額免除に該当する。

次に4人家族の事例で考えてみる。両親と本人、弟（妹）がいる世帯で、お父さんがサラリーマンで給与収入が480万円、お母さんがパートで103万円、本人は自宅外通学、弟（妹）が公立の高校生とする。お父さんの所得は、480万円－（480万円×0・3＋62万円）＝274万円、お母さんの所得は、103万円－103万円＝0円。特別控除額は、本人が自宅外通学で72万円、弟（妹）が公立高校生なので28万円。総所得額は274万円－72万円－28万円＝174万円だ。4人家族の場合、全額免除の収入基準額は175万円、半額免除の収入基準額は334万円なので、全額免除の対象となる。なお、この4人家族の事例では、お父さんの給与収入が690万円でも半額免除の家計基準に収まる。お母さんのパート給与103万円も合わせると、世帯収入793万円でも対象になり得るということだ。

授業料減免の基準はイメージよりも低いと感じるのではないだろうか。**世帯収入が500万円から700万円というと、平均的な収入に近いが、それでも全額または半額免除の対象になり得るのだ。**

先に、東大生の中でも家計収入が450万円未満の家庭が13・6％いることに触れたが、その大半の学生が実際に授業料減免を受けている。ほかの国公立大学でも同様だ。

こういった事実はほとんど報道されないため、多くの学生や家庭が知らない状況だ。また、授業料免除制度があることはなんとなく知っていても、計算式や収入基準額などを知らないため、自分がその基準に当てはまらないと思い、申請をしていない学生も一定数いると思われる。

私は、この大学授業料免除のおかげで、親の収入がない状況でも大学を卒業することができた。「自分の家は貧しいから大学進学なんてできない」と、経済的理由で初めから大学進学をあきらめてしまっている高校生には、ぜひこの制度を知ってもらいたい。また、周りの先生や大人からもしっかりと伝えていただきたい。

塾にも私立にも行かずに東大に入れるか

東大生にも一定割合で低所得層家庭の出身者がいて、さらに入学すれば大学授業料減免の制度があることを確認した。

しかし、最難関とされる東京大学に合格するには、高額な授業料が必要な有名私立中高一貫校や予備校・塾などに通わなければ難しいというイメージを持つ読者も多いだろう。

実際に、東大合格者数ランキングでよくメディアに取り上げられるのは、開成高校や灘高校、麻布高校などの私立か、筑波大附属駒場や東京学芸大学附属高校などの国立の中高一貫校だ。国立中高一貫校も、授業料自体は安くても、競争の激しい中学受験を乗り越えなければならないので、小学生のうちに高額な塾に通わなければ合格できないという実態がある。

しかし、私の実体験では必ずしもそうではなかった。私自身を含めて、周りの東大生の中に公立高校出身者はかなりたくさんいた。そして、私はこれまで塾や予備校に通ったことがないが、そういった友人の話も複数聞いたことがある。

では、私立にも塾にも行かずに東大に行けるのか、実際にデータをみながら検証してみよう。『サンデー毎日』(電子版、2017年4月4日発行)による

図表12　東大合格者数10名以上の公立高校一覧（2017年）

日比谷（東京）	45人	四日市（三重）	14人
旭丘（愛知）	37人	堀川（京都）	14人
横浜翠嵐（神奈川）	34人	修猷館（福岡）	14人
浦和・県立（埼玉）	32人	小石川中教（東京）	14人
西（東京）	27人	長野・県立（長野）	13人
土浦第一（茨城）	20人	岐阜（岐阜）	13人
岡崎（愛知）	20人	札幌南（北海道）	12人
熊本（熊本）	19人	宇都宮（栃木）	12人
千葉・県立（千葉）	18人	鶴丸（鹿児島）	12人
湘南（神奈川）	18人	大宮（埼玉）	11人
岡山朝日（岡山）	18人	宮崎西（宮崎）	11人
国立（東京）	17人	盛岡第一（岩手）	10人
浜松北（静岡）	17人	前橋・県立（群馬）	10人
水戸第一（茨城）	15人	戸山（東京）	10人
富山中部（富山）	15人	筑紫丘（福岡）	10人
金沢泉丘（石川）	15人	大分上野丘（大分）	10人

出典：『サンデー毎日』（電子版、2017年4月4日発行）

と、2017年の東大合格者数が10名以上の公立高校は**図表12**の通りだ。

東大合格者10人以上の公立高校の合計が558人、9人以下の公立高校出身者を合わせると1111人になる。サンデー毎日が集計した東大合格者数全体の3083人に対して、公立高校出身率は36%だ。

ほかの難関大学とされる国立大学では、京都大学が約56%（合格者データ2863人中、公立高校1622人）、大阪大学になると約70%（合格者データ3315人中、公立高校2345人）は公立高校出身者になる。

この割合は、一般的なイメージよりも高いのではないだろうか。**最難関の東大でも3人に1人は公立高校出身者で、京大や阪大などは半数以上のマジョリティが公立出身者だ。**先に紹介した東大生の親の収入の割合では、750万円未満が全体のおよそ3割だったが、その数値と公立高校出身率はほぼ近い割合となる。

しかし、いくら公立高校といえども、やはり高額な塾や予備校に通っているから合格できているのではないだろうか、という疑問もあるだろう。

東進予備校の東進タイムズ（2006年4月1日号）の「合格発表会場アン

ケート　調査速報」によれば、難関大学現役合格者の通塾率は73・6％と、4人に3人が通塾していたというデータがある。東大のみにしぼると、通塾率は77・9％とさらに高い。ただし、不合格者も通塾率が65・5％と高く、塾に通うことのみが合格を完全に左右するというわけでもない。

難関大学現役合格者のうち4人に1人、東大現役合格者のうち12％の人たちが塾に通っていないということは、塾で高額な費用を支払わなくても一定の割合は東大や難関大学に合格できているということだ。私自身もそうだったが、学校の勉強と、ある程度の参考書・問題集による自学自習に取り組めば、どんな希望の大学でも合格できる可能性はあるということだ。

コースによってこんなに違う教育費

公立高校からの大学進学の状況や通塾率などをみてきたが、公立に通うか私立に通うかで、生涯にわたっての教育費にはどのくらい違いが生じるのだろう。

文部科学省の「平成26年（2014年）度子供の学習費調査」によると、幼稚園から高等学校までの学校教育費および学校給食費、学校外活動費を足した年間の学習費総額は、それぞれ公立と私立では図表13をみての通り違いがある。

幼稚園から高校までの15年間すべて公立のコースの場合は527万2500円、すべて私立の場合は1771万512円と、その差は1243万8012円にもなる。ほかに、高校のみ私立の場合は702万8448円、小学校だけ公立で幼稚園と中高が私立の場合は1042万6026円になる。

では、大学にかかる教育費はどうだろう。日本学生支援機構の「平成26年（2014年）度学生生活調査結果」によると、大学昼間部の授業料やその他の学費および生活費を足した年間平均支出額は、国立私立と自宅か自宅外かで図表14のような違いがある。

これに先の幼稚園から高校までの学習費を踏まえると、幼稚園から大学まで私立で、大学は自宅外通学の場合、合計で2727万2512円となる。一方で、幼稚園から高校まで公立で、大学は国立で自宅通学の場合、合計で966万9700円だ。その差は、1760万2812円だ。

私立を選ぶか国公立を選ぶかによって、およそ1700万円以上の教育費の違いが生じるということだ。

図表13　幼稚園から高等学校までの年間学習費総額

	公立	私立
幼稚園	222,264円	498,008円
小学校	321,708円	1,535,789円
中学校	481,841円	1,338,623円
高等学校	409,979円	995,295円

文部科学省「平成26年（2014年）度子供の学習費調査」をもとに作成。

図表14　大学昼間部の年間平均支出額

	国立	私立
自宅	1,099,300円 （4年間4,397,200円）	1,769,600円 （4年間7,078,400円）
自宅外 （学生寮は除く）	1,714,600円 （4年間6,858,400円）	2,390,500円 （4年間9,562,000円）

日本学生支援機構「平成26年（2014年）度学生生活調査結果」をもとに作成。

第1章で、日本は諸外国と比べると、教育への私費負担が高く、特に就学前教育（幼稚園）と高等教育（大学等）においてそれが顕著であるというデータも紹介した。私立コースと国公立コースでこれだけの教育費の差が生じることも、教育費における私費負担率を高めている要因ともいえよう。

とはいえ、逆の見方をすれば、幼稚園から大学まですべて国公立に通うことができれば、教育費支出の総計は1000万円未満になり、すべて私立コースと比べると1700万円も教育費をおさえることができる。さらに、収入が一定以下であれば授業料減免も適用されるので、4年間約215万円の授業料を差し引くと、合計教育費は約700万円になる。これは学習塾にも平均的な費用を支出した場合の計算だ。もし学習塾に通わない、あるいは平均よりも塾費用を下げれば、教育費総計はさらに下がることになる。

すべて公立の学校を選択したとしても、そこで十分に質の高い教育を受けられ、努力次第で自分の望む進学ができるのであれば、家庭の経済状況によって完全に教育機会が閉ざされているわけではないといえる。

教育費をおさえながらも、質の高い教育を受けるというコースが残されていることは読者にぜひ知っておいてもらいたい。象徴的な言い方をすれば、教育費をほとんどかけずに東大に進学することもできる。

経済格差による教育格差が生まれていることは事実ではあるが、それを切り抜ける道があることも同時に押さえておく必要があるだろう。そして、その道がより広くなるように、教育制度を改善していくこともまた重要だ。

日本の受験制度は平等か？

しかし、仮に学費をおさえたとしても、本当にトップレベルの大学に合格することができるのか、日本の現行の受験制度はそもそも平等に開かれているのか。そんな疑問を持った読者も少なくないだろう。

私自身の経験からいえば、現行の受験制度だったからこそ、貧しくても一発逆転で東大に合格することができたと考えている。というのも私は、高校時代はアルバイト漬けで、3年生になるまでは学校の成績が極めて悪かったからだ。高校3年間の成績や、部活動の実績、ボランティアや学外活動などの経験を総合的に審査されるとあまり実績がなく、一発逆転は難しかっただろう。

ここからは、そもそも、平等な入試制度とはなんであるのかについて、改めて考えてみたい。

入試制度を大きく分けると、**一斉試験型**か**特別選抜型**かに分けられる。

一斉試験型はセンター試験や各大学の二次試験など、学力テストの点数によって合否が決まる。

特別選抜型は、**推薦入試とAO入試**に分けられる。推薦入試は、出身校からの推薦と高校時代の成績や活動（調査書）、面接と小論文によって合否が判定され、指定校などの枠が定められていることもある。AO入試は、アドミッションズ・オフィス入試の略で、推薦は必要ないが、書類審査を経た後に、面接と小論文などが課される点は推薦入試と近い。大学のアドミッション・ポリシー（入学者受け入れ方針）に合致しているかが合否判定の重要項目となる。

一斉試験型の入試制度は、過度な受験競争を助長し、学力偏重だという批判を受けてきた。特別選抜型、特にAO入試は、その批判に応じて導入された制度で、近年、特別選抜型によって大学に入学する割合は増えてきている。

文部科学省の2015年度のデータ（「大学入学選抜改革に関する資料」）に

よると、私立大学では51％と半数以上が推薦入試またはＡＯ入試といった特別選抜型によって入学している。一方、国立大学では一般入試型が84・6％、推薦入試やＡＯ入試などの特別選抜型は15％ほどだ。国公私立全体では、一般入試型が56・1％、特別選抜型が43・9％（そのうちＡＯ入試は8・8％）となっている。２０００年度が一般入試型65・8％、特別選抜型34・2％（そのうちＡＯ入試1・4％）だったのと比べると、ＡＯ入試を中心とする特別選抜型入試が増えていることがデータからも読み取れる。

学力偏重への批判に対応するかたちで、ＡＯ入試や推薦入試が日本の大学入試制度の主役になってきているのだ。では、これらの受験制度は、教育機会の平等という観点からはどう考えられるのだろう。

まず、一般試験型の場合、1点の差で合否が左右される場合があるので、過度な受験競争を生み、結果的に試験のテクニックや大学ごとの傾向と対策などの情報を売りにする塾や予備校に通うことが当たり前という状況を生み出してきた。結果的に、塾に通うお金がない家庭にとっては不利な制度であるとみることもできる。東大をはじめ難関大学の通塾率が7割以上であることは先に触れた通りだ。一方で、合否判定に出身高校や大学側の主観的判断が入らないため、どんな受験生にも機会が与えられている公平な制度だともいえる。

推薦入試の場合、指定校や私立大学の付属校の枠などがあり、中学高校から私立の付属校に通わなければならない、あるいは、指定校に通い、さらに学校内で校長や教員の主観による推薦を得なければならないという制限がある。決してすべての人に開かれた制度ではなく、公平性や平等性という観点からは課題が残る。

ＡＯ入試については、推薦入試の指定校などの枠の制限がなくなるが、部活動や授業以外での活動や特技などが評価の対象となりやすい。そうなると、授業以外の活動に取り組むための環境や資金は、各家庭による部分が大きくなる可能性がある。たとえば、海外経験などは評価されやすいが、高所得層家庭のほうがそういった経験をしやすいことが予測される。また、部活動にも用具費や遠征費など授業料以外の費用がかかることから、低所得層家庭では続けにくい場合がある。筆者も、経済的理由によって、高校での部活を途中で辞めて、アルバイトをはじめた経験がある。**学力のみが問われる入試であれば、学校の**

授業や自学自習によって対策ができるが、ＡＯ入試のようにその他の要素が問われると、よりお金がかかってしまう可能性がある。やはり、公平性や平等性という観点で課題がある。

特別選抜試験については、平等性という観点以外にも、入学者の基礎学力が不足しているという課題も指摘されている。受験勉強に取り組まなくても、面接や小論文などの準備さえすれば大学に入学できてしまうからだ。また、ＡＯ入試対策のための塾が出てくるなど、結局は塾に通うためにお金がかかるという状況も生んでしまっている。

試験で測定できる学力だけでなく、受験者を総合的に評価するという考え方は、一見理想的にも思えるが、公平性や教育機会の均等という観点からみると課題が残されているのだ。

東大合格者数高校ランキングからみえる高校格差の変遷

では、歴史的にみて、また今の日本社会の中で、教育格差を是正するための取り組みはなされているのだろうか。まずは、日本の教育制度の象徴ともいえる東京大学の合格者数データの推移から紐解いてみる。

先ほど、2017年の東大合格者数のうち、公立高校出身者は1100人強と、全体の約3000人に対して、公立高校出身率が36%であることを紹介した。では、この東大合格者の公立高校と私立高校の出身比率は、年代によって変遷があったのだろうか。

図表15は1965年、1975年、および2017年の東大合格者数上位20校の変遷だ。

1965年には、東大合格者数上位のほとんどを公立高校が占めており、上位3校も日比谷、西、戸山の3公立(都立)高校が並んでいる。東大合格者数上位20校での公立高校出身者率は62%にのぼる。

しかし、1975年になると、代わりに私立と国立の中高一貫校が上位を占めるようになった。都立は軒並み10位以下に下がっており、公立高校は湘南や浦和など神奈川、埼玉の高校が10位以内に入っている。10年間の間に、上位20校での公立高校出身者率は33%にまで下がっている。さらに2017年には、上位10校から公立高校の姿がなくなり、上位20校での公立高校率は12%にまで下がっている状況だ。

１９６５年から75年の間に何があったかというと、**都立高校での学校群制度の導入**だ。学校間の格差をなくすために、いくつかの学校をまとめて「学校群」をつくり、その中で学力が平均になるように合格者を振り分ける入試制度である。

ねらいの通り、学校群の中での学力格差は減っていったが、逆に、全国的にもトップレベルで私立と肩を並べていた日比谷、西、戸山、新宿などの都立高校の学力が軒並み下がったのだ。

学校群制度は、学校間格差をなくすというねらいのもと、結果的には私立都立間格差、つまり、経済格差が教育格差を生むという結果を生んでしまった。極端な平等主義が逆に不平等を生んでしまうという、間違った教育政策の実例といえる。

この制度は、東京都（１９６７年～81年）だけでなく、千葉県（１９７５年～77年）、愛知県（１９７３年～88年）、岐阜県（１９７４年～82年）など地方の県でも実施されたが、最終的には２００４年にはすべての都道府県で廃止さ

「社会実情データ図録」の「東大合格者数高校ランキング」をもとに作成。

トップ20校（公立832人、私立295人、国立223人、計1350人 ── 公立高校率62%）

11.	公立	浦和（埼玉）	52
12.	公立	湘南（神奈川）	50
13.	公立	旭丘（愛知）	49
14.	公立	小山台（東京）	46
15.	私立	栄光学園（神奈川）	45
16.	公立	両国（東京）	42
17.	公立	上野（東京）	40
18.	私立	ラサール（鹿児島）	38
19.	国立	学芸大附属（東京）	34
19.	国立	広大附属（広島）	34

トップ20校（公立413人、私立549人、国立294人、計1256人 ── 公立高校率33%）

11.	公立	戸山（東京）	46
12.	私立	栄光学園（神奈川）	43
13.	公立	西（東京）	42
13.	公立	旭丘（愛知）	42
15.	公立	富士（東京）	35
16.	公立	長野（長野）	34
16.	公立	岐阜（岐阜）	34
18.	公立	青山（東京）	33
19.	公立	千葉（千葉）	32
20.	私立	久留米大附設（福岡）	30

トップ20校（公立148人、私立856人、国立185人、計1189人 ── 公立高校率12%）

11.	国立	学芸大附属（東京）	46
12.	公立	日比谷（東京）	45
13.	私立	ラサール（鹿児島）	40
14.	私立	甲陽学院（兵庫）	39
15.	国立	筑波大附属（東京）	37
15.	公立	旭丘（愛知）	37
17.	私立	女子学院（東京）	36
18.	私立	西大和学園（奈良）	35
19.	公立	横浜翠嵐（神奈川）	34
20.	公立	浦和（埼玉）	32

図表15　東大合格者数上位20校の変遷
（1965年、1975年、2017年）

1965年

トップ10校（公立553人、私立212人、国立155人、計920人──公立高校率60%）

1.	公立	日比谷（東京）	181
2.	公立	西（東京）	127
3.	公立	戸山（東京）	110
4.	私立	麻布（東京）	91
5.	国立	教育大附属（東京）	87
6.	公立	新宿（東京）	72
7.	国立	教育大附属駒場（東京）	68
8.	私立	灘（兵庫）	66
9.	公立	小石川（東京）	63
10.	私立	開成（東京）	55

1975年

トップ10校（公立115人、私立476人、国立294人、計885人──公立高校率13%）

1.	私立	灘（兵庫）	126
2.	国立	教育大附属駒場（東京）	123
3.	私立	麻布（東京）	106
4.	私立	開成（東京）	104
5.	国立	学芸大附属（東京）	95
6.	私立	ラサール（鹿児島）	83
7.	国立	教育大附属（東京）	76
8.	公立	湘南（神奈川）	60
9.	私立	武蔵（東京）	57
10.	公立	浦和（埼玉）	55

2017年

トップ10校（公立0人、私立706人、国立102人、計808人──公立高校率0%）

1.	私立	開成（東京）	160
2.	国立	筑波大附属駒場（東京）	102
3.	私立	灘（兵庫）	95
4.	私立	渋谷教育学園幕張（千葉）	78
4.	私立	麻布（東京）	78
6.	私立	聖光学院（神奈川）	69
7.	私立	桜蔭（東京）	63
8.	私立	栄光学園（神奈川）	62
9.	私立	駒場東邦（東京）	52
10.	私立	海城（東京）	49

れた。生徒の学校選択の自由を制限するだけでなく、公立高校の凋落《ちょうらく》を生んでしまったことなどが批判の対象となったからだ。

実際に、日比谷高校の東大合格者数の推移を追うと、1965年は181人だったのが、学校群制度導入後の最初の卒業生が大学受験を迎えた1970年には99人に減少、さらに1975年には16人に激減している。その後も、1981年には4人、1998年には2人まで減り、地方の中堅公立高校と変わらない実績になっている。学校群制度の後継制度であるグループ合同選抜制度や学区制度が撤廃され、2000年代に入ってからは合格者数も回復し、2007年には28人、2016年には53人と増加している。

公立学校間の平等を進めようとするあまり、公立と私立の教育格差が広がり、公立が凋落してしまったのが1970年代から90年代の教育政策の結果だ。これらの制度が改められ、近年になって公立高校が進学実績の観点から復調傾向にある。

高い授業料を支払わなくても、質の高い教育が受けられる選択肢があるということが教育の機会均等には必要だ。**私立と公立のバランスにも注意を向ける**

ことが、教育とお金に関する政策を考える上で欠かせない要素といえよう。

格差是正のためにも必要な公立高校改革

公立を選択するか、私立を選択するかによって、かかる授業料や教育費に大きな差が生じること、また、近年になって、公立高校と私立中高一貫校との間で、大学進学実績に差が生まれていることを確認した。

東大をはじめとしたトップレベルの大学進学のみが学校の教育力を測る指標とはいえないが、希望する大学に進学できるかという点での教育機会の均等を考えると、公立校と私立校に格差があることは事実だ。

教育とお金の問題を考えるとき、単に奨学金の問題だけでなく、安い授業料でも通うことのできる公立校で質の高い教育を受けられるように、教育改革を進める必要がある。

たとえば、先に挙げた日比谷高校。1965年に東大合格者数が181人だったのが、学校群制度などの影響もあり1998年には2人まで減少したものの、2000年代に入って回復し、2016年には53人と増加している。

その間、なにがあったかというと、石原慎太郎都知事のもと2001年から行われた**都立高校改革**だ。その肝になるのが、進学指導重点校制度の導入だ。教員公募制による意欲と指導力のある教員の配置、自校作成の入試問題の導入、補習や夏期講習の拡充などが特徴だ。

2001年に日比谷高校、戸山高校、西高校、八王子高校が進学指導重点校に指定され、2003年には青山高校、国立高校、立川高校が追加指定された。また、2003年に都立高校の学区制度も廃止され、学区外からどの高校でも受験できるようになった。

2012年から日比谷高校で校長を務める武内彰氏によると、同校では模擬試験などの試験結果をもとに生徒一人ひとりのデータベースを作成し、データを活用した対策を行ったという。その上で中下位層の学力を向上させるため、宿題を常に課すこと、午前7時半からの補習授業、教師と生徒との年4回の面談を実践した。また、武内校長が各教師の授業を年2回はみて回り、教師との対話によって授業改善の指導に力を入れた。生徒による授業評価も実施し、「授業内容がいい」と回答した全校生徒の割合は、60％から5年間で76％に改善したという（日経College Cafe「『開成より日比谷』東大合格公立校1位に復活したわけ」日経電子版2016年9月17日付記事より）。

また、京都では「堀川の奇跡」と呼ばれるくらい、公立である堀川高校の改革が注目を浴びた。2001年度に国立大学の合格者数が6人だったのが、2002年には一気に106人にまで増えたのだ。2016年度の現役生の進学実績は国公立大学129人で、そのうち東京大学12人、京都大学32人、大阪大学7人、神戸大学9人と、いわゆる難関国立大学に多数合格している。その背景には、1999年に普通科と並んで設置した「探究科」の取り組みがあるといわれている。探究科では、生徒自らテーマを決めて研究し、京都大学の大学院生や教師がサポート役を務める仕組みだ。自分の探究心に沿って学ぶことで、研究をより深めたいという動機づけがされた上で大学進学を考えられるのだという（東洋経済オンライン「公立が躍進、京都の教育改革で何が起きたか」2017年8月19日記事より）。

『週刊東洋経済』10月15日号の特集「大学より濃い校風と人脈　高校力　公立の逆襲」によると、難関国立大学10大学（東大、京大、北大、東北大、名大、阪大、九大、一橋大、東工大、神戸大）合格者数の2006年から2016年の期間の推移をみると、公立高校の躍進が目立つ。最も増加数が多かったのは私立渋谷教育学園幕張（千葉）の78人だが、続いて公立の（市立）西京高校（京都）76人、刈谷高校（愛知）72人、日比谷高校（東京）69人と続く。ほかにも、神奈川の横浜翠嵐高校59人、湘南高校53人、大阪の天王寺高校53人、北野高校46人、兵庫の西宮高校53人、神戸高校42人、京都では西京高校以外にも嵯峨野高校48人、先に挙げた堀川高校も41人増加している。

ゆとり教育が見直されはじめたここ10年では、公立高校が再び力をつけはじめていることがわかる。こういった**公立高校の改革が進めば進むほど、高い授業料を払って私立中高一貫校に通わなくても、質の高い教育を受ける選択肢が広がる。**

私自身は、大分県内の県立大分上野丘高校に通ったが、県内では随一の進学校であったため、大学受験のために勉強するという環境は比較的整っていた。教師陣も熱心で、学習用プリントなどを用意してくれ、質問に行けば答えてくれた。経済的に塾や予備校に通うことはできなかったが、公立高校での勉強とある程度の独学で、ほとんどお金をかけずに東大に合格することができた。東大には、そういった地方公立高校出身者で塾にも通わなかったという友人が何人もいた。

公立高校の教育力を高めることは、教育格差の是正につながる。日比谷高校や堀川高校のような事例が、各県の公立高校からぜひ出てきてほしいところだ。

都内私立高校の実質無償化

東京都は小池百合子都知事のもと2017年度から、一定の世帯年収以下の家庭を対象に、**都内の私立高校を実質無償化**する制度をスタートさせた。世帯年収760万円未満（夫婦と子ども2人のモデル世帯の場合）の生徒約5万1000人を対象に、年間授業料の平均額にあたる44万2000円を上限に国と合わせて補助する制度だ。都外の高校に通う生徒も対象となる。

家庭の経済状況によって通える高校、受けられる中等教育が限定されてしまわないように、子どもたちの学びの選択肢を広げる大胆な政策といえよう。これまで低所得・中所得世帯は、公立のみが高校進学の選択肢となることが多かった。私自身も子どもの頃、経済的な事情から、どんなに魅力的な学校があったとしても、私立高校（および私立中学や私立大学）を受験するという選択はまったく考えられなかった。

一方で、都内では私立の高校が半数以上を占め、トップレベルの大学に進学しようとしたり、先進的な教育を受けたり、スポーツでトップレベルを目指したい場合は、私立高校のほうが有利な場合が多い。先に紹介した通り、近年は都立高校改革が進み、やや回復しているものの、それでも私立のほうが進学でもスポーツでも実績を出していることは事実だ。

高校教育は義務教育ではないにしても、現代では高校進学率は98％と実質上義務教育化している。そういったほぼすべての家庭が対象となる教育が、経済事情によって選択肢を狭められるのは、決して機会が公平に用意されているとはいえない。低・中所得世帯を対象にした都の私立高校無償化は、そういった教育格差を是正する策の一つといえる。

一方で、世帯年収７６０万円を境に、実質無償となるのか授業料支援がほぼなくなるのか、急激な変化をつけてしまうと、公平でないという指摘もある。

世帯年収や子どもの数によって、授業料支援額を段階的に設計する必要がある。

東京都以外にも、大阪府では先んじて私立高校の授業料支援が行われている。たとえば、府内の私立高校に３人以上通わせている世帯の場合、年収５９０万円未満の世帯には授業料負担が実質無償となるよう支援、年収５９０万円以上８００万円未満世帯には授業料負担が10万円、年収８００万円以上９１０万円未満の世帯には授業料負担が20万円となるようそれぞれ支援する制度だ。なお、これらの授業料負担の額は授業料が58万円以下の学校の場合であり、授業料が58万円を超える場合はその分負担額が増すことになる。東京都の制度にはない、年収に応じた段階的な授業料支援が設計された制度といえよう。

東京都や大阪府の私立政策が他県にも影響を与え、中等教育と教育費の問題、経済格差と進学格差の問題が日本全体でより活発に議論されることで、よりよい教育改革につながることを期待したい。

また、私立高の無償化により公立高校との競争が激化することも予想される。先に書いたように、本来なら優先的に公立高校のレベルアップをはかり、公立に通っていてもレベルの高い教育を受けられるようにしなければならない。塾に通わなくても、大学進学がしっかりできるよう、**公立校のレベルアップにも同時に注力すべきであることは再度強調しておきたい。**

政府主導で給付型奨学金制度が新設

第1章では、日本の奨学金制度は、貸与型が主流で、給付型は民間と政府の制度を合わせてもごくわずかであることを紹介した。そのことは、奨学金が「社会問題」となる上での批判の槍玉《やりだま》にあげられてきた。

それらの批判を受けて、**政府は給付型奨学金制度を新設**することを発表し、日本学生支援機構が運営することになった。2017年度には先行実施分としてスタートし、本格実施は2018年度からの予定だ。

募集対象者は、住民税非課税世帯（市町村民税所得割額が0円）、または生活保護受給世帯、社会的養護を必要とする人で、大学や短期大学、専修学校の学生だ。社会的養護を必要とする人というのは、18歳時点で児童養護施設などに入所している、または入所していた人、あるいは里親などのもとで養育されていた人のことを指す。

給付金額は、自宅通学で国公立の場合が２万円、私立の場合が３万円、自宅外通学で国公立の場合が３万円、私立の場合が４万円だ。

住民税非課税世帯は、基準が市区町村によって異なるが、およその給与収入の目安は、夫婦いずれかが配偶者と子ども１人を扶養している場合で２００万円強だ。配偶者と子ども２人を扶養している場合はおよそ２５０万円強になる。

文部科学省の発表（２０１８年度 概算要求主要事項）によると、**給付対象者は1学年約2万人で、予算規模（2017年度の概算要求）は約105億円だ。**

今後制度が継続され各学年に累積されると、対象者は全学年６万人とされている（文部科学省「奨学金事業の充実」より）。給付型奨学金が政府によって新設されたこと自体は大きな変化だが、**貸与型奨学金の貸与者数130万人に比べると6%ほどにすぎない。対象者は非常に限定されている**といえる。

既存の大学授業料減免制度と比べると、国立大学の授業料は年間約53万円（月額約４万４０００円）、対象者は延べ人数約23万人で、給付型奨学金のほうが支援額も対象人数も少ない。もちろん、授業料減免制度と給付型奨学金の対象者が重なることもあるので、それらをあわせることで、より効果が出るという考え方もある。とはいえ、給付型奨学金の対象者は非常に限定的で、多くの人にとっては関係のない制度になってしまっている感がある。

実際に、2017年度は先行実施分として奨学金応募者が2018年度からの本格実施よりもさらに限定されて募集された。募集対象者として、社会的養護を必要とする人については本格実施と同じ条件だが、住民税非課税世帯と生活保護受給世帯については、私立の大学等に自宅外から通学する人に限定されての募集だった。結果的に、2800人の利用を見込んでいたところ、当初の受付期間を過ぎても1578件しか申し込みがなかったため、受付を延長して募集することになった。結局、受付延長で申し込みが増え、2502人に支給が決定された。

2018年度の本格実施分からは、私立の大学等に自宅外から通学するという条件は外される予定だが、どこまで申請者が増えるか不透明だ。生活保護世帯や低所得世帯にとって大学進学は経済的に負担が大きく、**たとえ給付型奨学金の月額2万円から4万円が支給されても、さらに貸与型奨学金を借りたり、**

アルバイトを長時間したりしなければ大学生活は成立しない。それでも進学したいという人にとってはありがたい制度だが、もともと進学ではなく就職を考えていた人にとって、その選択を変更するほどのインセンティブになるかどうかはわからない。働いたほうが月額20万円近くの給料が入るからだ。

仮に給付型奨学金の申し込みが多数あったとしても、条件が限定的なため、大多数の人には関係のない制度になってしまっているという問題は変わらない。**さらに注意しなければならないのは給付奨学金の返還の可能性**で、「学業成績が著しく不振、停学等の学校処分等により交付が打ち切られた場合、交付済みの奨学金について返還を求める場合があります。／返還の方法は、基本的に貸与型奨学金の例にならうものとしますが、返還の方法等を定めた書類を提出する必要があります」という記載が、日本学生支援機構の給付型奨学金案内資料にもある（「平成29年度進学者用 給付奨学金案内」より）。

これまで分析してきた通り、**昨今の奨学金問題の本質は、一部の低所得層の貧困のみに起因しているのではなく、日本人の大半にとって高等教育の金銭的負担が重くのしかかっていることだ。**貸与型奨学金の利用者が急増し、2人に

1人が利用しているという事実からもそのことがうかがえる。そうであるなら、対象者が一部に限定された制度だけではない解決策が必要なのではないだろうか。

安くてよい教育を受けるには情報と戦略が決め手

「貧乏でも東大に行けるのか？」という象徴的な問いに答えるかたちで、私立と公立の違い、奨学金以外の授業料免除制度や支援制度などについて紐解いてきた。問いに対する結論からいえば、低所得家庭でもすべて公立学校に通い、奨学金や授業料免除制度などの支援を享受し、本人が学力を高めることができれば東大に通うことはできる。実際にそういった人たちは一定数以上存在し、さらにいわゆる難関国立大学に広げれば、かなりの数になる。

とはいえ、そのコースが割合的にメジャーを占めるかといったらそうではなく、平坦ではない道であることも事実だ。

教育とお金の問題を考えるときに、生まれ育った家庭環境の違いによらず、安くてもよい教育を受けられる選択肢があるか、本人が学びたいという意欲を持てばそれが後押しされる公平な環境が整っているかが重要だ。そういった選択肢や環境が制度として用意されていることによって、教育格差が是正される余地が生まれ、一人ひとりの持つ才能や可能性を、家庭環境の違いによってつぶさずにすむ。

とはいえ、「うちは貧しいから」と言って、初めからあきらめてしまっている子どもたちも少なくない。**親や教師など周囲の大人が、適切な情報を十分に届けられていないからではないだろうか。**大学授業料免除制度があることを知らなかったり、奨学金をあたかもサラ金のように考えて、自己投資することに躊躇《ちゅうちょ》したりするケースは多い。

安くてもよい教育を受けるには、そういった社会のさまざまな制度や仕組みなどの情報を正確に得ることと、その情報に基づいて、自らの教育とお金に関する人生設計の戦略を立てることが重要だ。

マスコミが流す情報だけ受けていると、小さい頃から中学受験のための塾に夜遅くまで通い、ようやく合格しても、私立中高一貫校で高い授業料を払いながらさらに高額な塾で勉強し、私立大学でも高い授業料を払う、というコースしかよい教育を受ける道がないようにも思えてくる。

しかし、現実はそうではない。公立でもこんなに選択肢があると知る。塾に通うことが本当に必要かどうかを検討する。授業料免除や給付型奨学金、無利子の貸与型奨学金といったさまざまな制度を利用することができないか確認する。このような情報収集と戦略の立て方次第で、費用をさほどかけなくてもよい教育を受けることはできる。それを知るだけでも、これまであきらめていた多くの人の前に新たな道が開けるのではないか。

本書を著した理由はまさにそこにある。**絶望ではなく、小さくても確かな光を示すこと。そして、その光をもっと大きくするための現実的な方策を考え、提言し、行動を促すことだ。**本書の後半では、その方策を考えるためのヒントとなる海外の事例を紹介するとともに、日本において実践すべきと考える具体的な提言をしていきたい。

第3章　海外の教育事情と奨学金制度

これまでは日本国内の奨学金制度や教育制度について紐解いてきた。第3章では、視点を海外に向けて、諸外国の奨学金を含む教育制度について紹介する。海外の事例を参照することで、日本の奨学金制度を改善していくための隠されたヒントをみつけ出し、海外で勉強するという選択肢を検討する上での参考にもなるはずだ。

「貧乏人」ほどハーバードを目指せ!?

アメリカのトップスクールであるハーバード大学やイェール大学。一度はあこがれるかもしれないが、授業料の高さも日本の私立大学の比ではない。ハーバード大学の授業料は２０１７年度現在で４万４９９０ドル、日本円にして約５０４万円（２０１７年12月17日現在で１ドル１１２円。以下、１ドル１１２円で計算）。イェール大学は5万１４００ドル、約５７６万円にもなる。

学力以前に、費用面から検討の余地がないという人も多いだろう。

しかし、貧しい家庭ほどハーバードを目指したほうがよい、とお勧めしたら驚くだろうか。実は、ハーバード大学は、家庭の年収が6万５０００ドル未満、日本円で約728万円未満の学生には、授業料が全額免除されるのだ。

先述したように、**日本の国公立大学や一部私立大学でも、家庭の年収が400万円程度であれば授業料が免除される制度があるが、ハーバードの学部生の場合はそれよりも年収基準が高く、いわば平均年収よりやや高めでも免除されるのだ**（米国労働省統計局によると、アメリカの平均年収［中央値］は2016年5月のデータで約4万9630ドル、約556万円）。この全額授業料免除の対象者が、全学部生の20％にのぼるという。

さらに、年収6万5000ドルを超えても、15万ドル（約1680万円）までは授業料の一部が免除される奨学金がつくことになる。大学側が謳っているのは、年収の0％から10％を授業料として貢献するようにしてあるというのである。**全学部生の約70％がなんらかの学費支援を受けており、その平均は年間1万2000ドル、約134万円だ**（ハーバード大学ホームページ「How Aid Works」より）。

こういった制度は、ハーバードだけでなくイェール大学やほかのアイビーリーグといわれるトップ大学でも同様に用意されている。

そうなると、年収が700万円前後であれば日本の国立大学よりも授業料が安く、1000万円前後でも私立大学よりも安いということになる。もちろん、留学するための生活費や寮費が必要になるが、日本国内の大学でも自宅外から通学することになれば同様の費用がかかることになる。実は、低所得・中所得層ほど、アメリカのトップスクールを目指すメリットは、経済的な観点からも大いにあるのだ。

授業料は目玉が飛び出るほど高いのに、低所得層には大盤振る舞いで授業料免除や奨学金を出すというのがアメリカの大学の主流となっている。学生の経済環境によって、支払う額を変える。つまり、学生の経済的ニーズに合わせて奨学金を提供するという考え方だ。これを「**ニードベース奨学金**」という。

必要に応じた授業料——ニードベース奨学金

奨学金と一言でいっても、貸与型と給付型の違いだけでなく、給付型の中でも性質の異なるものがある。一つは能力を基準として優秀な学生に奨学金を給付する「**メリットベース奨学金（ノン・ニードベース奨学金）**」だ。もう一つは、学生やその世帯の支払い能力（家計収入など）を基準として必要に応じた額を給付する「ニードベース奨学金」だ。

ニードベース奨学金は、授業料の支払い能力がある高所得世帯の学生には、低額の奨学金しか給付されないか、そもそも給付の対象とならないが、支払い能力が制限されている低所得世帯の学生には高額の奨学金が給付される仕組みだ。

アメリカの大学は日本と違って給付型奨学金が充実しているというイメージが強いが、このニードベース奨学金が主流になっているのだ。アメリカの大学は、州立大学やコミュニティ・カレッジ以外の私立大学では、日本の私立大学の何倍にもなる高額な授業料が設定されており、College Boardによると２０１７年度の平均年間授業料は３万４７４０ドル、約３８９万円だ（「Average Published Undergraduate Charges by Sector and by Carnegie Classification, 2017-18」を参考）。その上で、低所得層に対しては、ニードベース奨学金を給付することで実質上の授業料が低価格におさえられ、高所得層に対しては定価の高額授業料を支払ってもらうことで大学の授業料収入を確保するという戦略だ。

つまり、**給付型のニードベース奨学金の実情は、学生の支払い能力に応じた授業料割引ということだ。**

文部科学省の「先導的大学改革推進委託事業調査報告書」（「高等教育段階における学生への経済的支援の在り方に関する調査研究」報告書3）によると、アメリカの大学で授業料が3万9975ドル超（約347万円超）の最高学費グループにおける、低所得層に対する奨学金の総額は、連邦・州政府のものも含めると平均2万1040ドル（約236万円）になる。つまり、低所得層に対しては実質の授業料は1万ドル（約112万円）ほどにおさえられているわけだ。一方で、高所得層に対しては、ニードベースの奨学金が少なく、連邦・州政府奨学金もほとんど給付されないため、奨学金は平均5760ドル（約65万円）で実質の授業料は約2万5000ドル（約280万円）と奨学金を差し引いても高額になっている。

また、授業料が1万7990ドル未満（約201万円未満）の最低学費グループでは、低所得層に対する奨学金総額は平均7330ドル（約82万円）、高所得層への奨学金総額は平均３３１０ドル（約37万円）となっている。もともと授業料が高額ではないため、ニードベースなどの給付型奨学金も低い額となっているわけだ。

こういったニードベース奨学金の考え方は、実は日本の大学授業料減免制度に近いといえる。第2章で紹介したように、日本では、世帯収入の低い学生は、授業料が免除されるか減免される。私立大学では対象者数が限定されているが、国公立大学ではかなりの割合で適用されている。授業料減免制度は、仕組みから考えると、一つのニードベース奨学金ともいえる。

一方で異なるのは、アメリカの場合、連邦・州政府の奨学金とは別に、大学独自でニードベース奨学金を用意している点だ。日本の私立大学では、独自の給付型奨学金制度や授業料減免制度を設けているところはあるものの、対象者数がかなり限定されており、優秀な学生を対象とするメリットベースのものが大半だ。アメリカ並みにニードベース奨学金を充実させられれば、低中所得層に対しても私立大学の門戸がより開かれることになるだろう。

日本の大学におけるニードベース奨学金の導入と、そのための資金源の確保については、第4章で考察したい。

アメリカでも問題になっている学生ローン地獄

アメリカの充実したニードベース奨学金について紹介したが、それだけですべてがうまくいっているというわけではない。

第1章では日本における貸与型奨学金の延滞者数が増えている問題について取り扱ったが、実はアメリカでも同様のことが起きているのだ。

アメリカにも、日本の貸与型奨学金に近い学生ローンが存在する。連邦パーキンズ・ローン、スタンフォードローン、プラス・ローンなどがあり、その中でも政府直接ローンと政府保証民間ローンに分けられる。たとえば、スタンフォードローンでは、学部生は年間3500ドル（約39万円）から1万2500ドル（約140万円）まで貸与が可能で、独立生計なのか非独立生計なのかによって限度額が異なる。また、大学院生になると貸与限度額はより高くなる。（日本学生支援機構「米国における奨学制度に関する調査報告書」2010年2月、「6章 政府ローンの回収と債務不履行の状況」より）。

東洋経済オンライン2017年4月17日のマネックス証券・大槻奈那氏の記事「教育大国アメリカはローン地獄に悩んでいる」によると、アメリカでは成人人口の4人に1人、4470万人もの人が学生ローンを抱えており、その平均額は400万円という。学生ローン総額は2006年から2016年の10年間で2・7倍に膨らみ、145兆円にものぼる。単純比較はできないが、日本とは桁が異なる値だ。

アメリカでも学生ローンの延滞はかなりの割合で起きている。日本学生支援機構の「米国における奨学制度に関する調査報告書」（2010年2月）によると、アメリカの政府学生ローンの不履行率（延滞率）は2007年度時点で6・7％だった。しかし、TIME紙の記事「A Record Number of People Aren't Paying Back Their Student Loans」（2017年3月14日付）によれば、2016年には14％まで上がっている。延滞者はおよそ800万人、延滞額は1370億ドル（約15兆3000億円）以上だ。

第1章で日本の貸与型奨学金の現状を紹介したが、日本では3カ月以上の延滞率が2004年度の9・9％から2016年度には3・9％と年々減少してきた。**アメリカは日本の改善傾向とは逆の道を行っており、日本よりも深刻化している。**

さらに、アメリカの学生ローンの利息は3％から8％以上のものもあり、日本学生支援機構が行う貸与型奨学金がゼロ金利、または変動利率0・01％、固定利率0・23％（2017年11月現在、最大でも3％）の低金利であるのに比べてかなり高い。日本とアメリカにおける一般金利の違いもあるので単純には比べられないが、ローン総額、延滞率、金利の高さと、どれをとってもアメリカの「学生ローン地獄」が深刻化していることがわかる。

税金が高く大学授業料の安いヨーロッパ

アメリカの大学事情を追ってきたが、ヨーロッパにも目を向けてみよう。ヨーロッパは全体的に大学の授業料が安い。

「Masters Portal」というEUの教育ポータルサイト記事「Tuition Fees at Universities in Europe in 2017- Overview and Comparison」によると、ヨーロッパ各国の大学授業料は、EU圏内出身学生には平均で年間450

0ユーロ（約59万円、1ユーロ＝132円で計算、以下同様）、EU圏外の学生には平均8600ユーロ（約114万円）だ。EU圏内学生にとっては日本の国立大学程度、EU圏外の学生にとっては日本の私立大学程度ということになる。これは大学学部生の平均授業料だが、修士プログラムになると、それぞれがより高くなる。

大学学部の授業料を各国別に見ると図表16の通りだ。

この表の通り、**ヨーロッパ内でも国によって大学授業料はさまざまで、公立大学か私立大学か、あるいはEU圏内の学生か圏外の学生かで大きく異なる。**総じてみると、北欧諸国の大学はEU圏内学生には無料または低額の授業料と非常に待遇がよい。フランスは、EU圏内にも圏外学生にも低額の授業料を提供している。イタリアやスペインなど南欧諸国は、公立大学は低額であるものの、私立大学は日本と同じあるいは日本以上に高い授業料が設定されている。英国は近年授業料が高騰してきており、平均でも年間100万円以上、高額なところはEU圏外学生にとっては年間300万円を超えるなど、アメリカの大学に近づいてきている状況だ。

図表16　ヨーロッパ各国の大学授業料

国名	EU圏内授業料（ユーロ）	EU圏外授業料（ユーロ）	消費税（付加価値税）
オーストリア	無料	600〜1500	20%
デンマーク	無料	6,000〜16,000	25%
フィンランド	無料	0または1,500（英語授業を受ける場合）	24%
フランス	公立200〜650 私立1,500〜6,000	公立200〜650 私立1,500〜6,000	20%
ドイツ	200〜400	200〜400	19%
イタリア	公立850〜1000 私立16,000	公立850〜1000 私立16,000	22%
オランダ	2000	6000〜12,000	21%
ノルウェー	公立64〜128 私立8,300〜10,000	公立64〜128 私立8,300〜10,000	25%
スペイン	公立680〜1,400 私立5,000〜12,000	公立680〜1,400 私立5,000〜12,000	21%
スウェーデン	9,000〜15,750	9,000〜15,750	25%
スイス	公立1,070 私立1,500〜16,000	公立1,070 私立1,500〜16,000	8%
英国	7,560〜12,600	4,255〜27,700	20%

*ドイツ、ノルウェー、スイスは1学期あたりの授業料をもとに算出。
EUの教育ポータルサイト「Masters Portal」内の記事
「Tuition Fees at Universities in Europe in 2017- Overview and Comparison」をもとに作成。

ヨーロッパの大学は北欧やフランスなどを中心に、無料または低額な授業料を実現しているところもある。ヨーロッパは高等教育の支援に手厚いという一般的なイメージがあるのはそのためだろう。一方で、国によって事情は異なり、各国内でも条件によって違いをつけている点は留意すべきだ。

また、**日本と決定的に異なるのは、ヨーロッパ諸国は税金が非常に高いということだ。**先ほどの表には、各国の消費税率（付加価値税率）も記載した。財務省ホームページ「付加価値税率（標準税率及び食料品に対する適用税率）の国際比較」に掲載されている2017年1月現在のデータだ。スイス以外は軒並み20％以上、デンマーク、ノルウェー、スウェーデンは25％にもなる。

日本では消費税率を2～3％上げるかどうかを議論するたびに、政権が代わってしまうくらい毎回大騒ぎになっている。現状の8％からさらにプラス12％も上げられるのか、あるいは8％の3倍の税率にするのかといった大幅な増税は、想像すらできないような状況だ。

大学授業料や高等教育にかかるお金をすべての人に無料にする、あるいは超低額にするという教育政策を実現するには、それだけのコストがかかる。たとえば、消費税を20％にしてもよいという国民的なコンセンサスがとれなければ、現実的には財源確保は難しいのかもしれない。

増えてきた海外留学奨学金――手厚い給付型が２０２０年まで1万人に

海外の奨学金制度や大学の教育費事情について紹介してきたが、次に、日本人が海外で学ぼうとしたときのことを考えてみたい。

海外留学というと、高い授業料と留学費用がかかり、お金持ちの特権というイメージが強いのではないだろうか。もちろん、そういった側面もあるが、実はあまり知られていないような制度もある。

たとえば、日本人の海外留学のための奨学金は、これまでになく充実してきている。特に大きいのが、日本政府が立ち上げた「トビタテ！留学ＪＡＰＡＮ」だ。これは２０１３年に日本政府が創設し、民間企業の支援も加えたかたちでスタートした、海外留学のための給付型奨学金だ。２０２０年までに約1万人に留学のための返済不要の奨学金を給付することを目標に掲げている。

対象は大学・大学院・短期大学・高等専門学校・専修学校に在籍する日本人

学生のコースと、高校生コースがあり、奨学金、留学準備金及び授業料が支給される。奨学金支給額は留学先の国・地域によって異なるが、たとえば大学生（第二種奨学金に掲げる家計基準を超えない場合）が北米や欧州、シンガポール、中近東に留学する場合は月額16万円、アジア（シンガポールを除く）、大洋州、中南米、アフリカでは月額12万円が毎月支給される。このほか、留学準備金としてアジア地域の場合15万円、そのほかの地域の場合は25万円が留学開始前に支給され、授業料は支援期間が1年を超える場合は60万円、1年以内の場合は30万円が支給される。（「トビタテ！留学ＪＡＰＡＮ」２０１８年度の募集要項［大学全国コース・大学オープンコース］より）。

つまり、**アジア地域以外の大学に1年以上留学する場合、年間最大で277万円が返済不要の給付型奨学金として支給されるということだ。**これまで紹介してきた貸与型奨学金や、新設される国内の給付型奨学金よりも、破格の好待遇な奨学金といってよいだろう。アメリカの大学ではそれでも高額な授業料をカバーするには足りないが、ほかの国・地域では十分に留学生活を送れるだけの支援だといえる。

また、**この制度の特徴として、支援対象者数もそれなりの規模が用意されていることが挙げられる。**これまで民間の奨学金は国内大学や海外留学用とさまざまなものがあったが、支給対象者数が数名とかなり限られていた。筆者も、海外留学用のある財団の奨学金を申請したが、すべて落とされた経験がある。一方で、「トビタテ！留学ＪＡＰＡＮ」については、２０２０年までに１万人を対象とすることを目標に掲げており、年間５００名規模で募集をしている。もちろん、貸与型奨学金と比べるとその人数は限定的ではあるが、これまでの給付型奨学金の対象人数からみれば、大きな進歩だといえる。

ただし、**対象となるのは日本の大学等に在籍し、留学終了後に日本の在籍大学等で学業を継続または学位取得する学生のみに限定されている。**海外の大学へ高校から直接留学したり、日本の大学から海外の大学院に直接留学したりする場合は対象とならない。海外留学を後押しするという観点からは、対象者数を限定しすぎている感はある。

別の課題としては、好待遇な奨学金ではあることは事実だが、留学は高所得者がするものというイメージがあり、低所得層にこういった情報が届いている

かという点もある。低所得層家庭の場合、筆者もそうだったが、留学は金持ちがするものだから自分には無理だと、最初からあきらめているケースが多く、情報を自ら取りにいかないことが考えられる。こういった情報もメディアがしっかり報道するとともに、高校や大学で説明会を開くなど、必要な人に必要な情報を届ける施策も重要だ。

海外留学はお金持ちの特権ではなくなってきている。適切な情報を入手し、用意されている奨学金制度を最大限に有効活用することで、どんな家庭でも夢を実現できる可能性は開かれている。

コストパフォーマンスからみた世界大学ランキング

大学でかかる費用について、海外に目を向けてきたが、教育の質についてはどうだろう。高等教育とは、いうなれば自己投資である。投資に見合うリターンがあるかを検討する必要がある。

大学の質を比較する際に、一般的によく参照されるのが世界大学ランキングだ。大学ランキングを発表している評価機関はいくつかあるが、ここでは国際

（中略）			
62	**フンボルト大学ベルリン**	**ドイツ**	**600ユーロ（約7万9000円）**
（※以下、ドイツの大学は原則授業料無料で低額なセメスター・チケット費のため各大学の授業料の記載は省略）			
63	デルフト工科大学	オランダ	10,384ユーロ（約137万円）
64	ワーゲニンゲン大学	オランダ	17,600ユーロ（約232万円）
（中略）			
67	ライデン大学	オランダ	10,500ユーロ（約139万円）
68	ユトレヒト大学	オランダ	9,345〜12,460ユーロ（約123万円〜約164万円）
（中略）			
=72	エラスムス大学ロッテルダム	オランダ	6,000〜11,900ユーロ（約79万円〜約157万円）
=72	**PSL研究大学**	**フランス**	**無料〜2,200ユーロ（約29万円、世帯収入によって異なる）**
=74	**京都大学**	**日本**	**53万5800円**
=74	**ソウル大学**	**韓国**	**492万ウォン（約49万円、人文）**
（中略）			
79	**アーヘン工科大学RWTH**	**ドイツ**	
（中略）			
82	**フライブルク大学**	**ドイツ**	
=83	フローニンゲン大学	オランダ	8,300〜12,000ユーロ（約110万円〜約158万円）
（中略）			
88	**ベルリン自由大学**	**ドイツ**	
（中略）			
90	ヘルシンキ大学	フィンランド	13,000〜18,000ユーロ（約172万円〜約238万円）
（中略）			
92	**ベルリン工科大学**	**ドイツ**	
（中略）			
94	**テュービンゲン大学**	**ドイツ**	
=95	**バーゼル大学**	**スイス**	**CHF1,700（約19万円）**
=95	**KAIST**	**韓国**	**無料（留学生には完全奨学金制）**
（中略）			
=100	**ボン大学**	**ドイツ**	

※1GBP（イギリスポンド）=150円、1CHF（スイスフラン）=114円、1SGD（シンガポールドル）=83円、1CAD（カナダドル）=88円、1元=17円、1AUD（オーストラリアドル）=86円、1ユーロ=132円、1SEK（スウェーデンクローナ）=13円、1HKD（香港ドル）=14.5円、1ウォン=0.10円で計算。太字は日本の国立大学よりも授業料が低い大学。

参考：各大学ホームページ

図表17　世界大学ランキング100（2018年）

1	オックスフォード大学	英国	GBP16,230〜23,885（約243万円〜約358万円）
2	ケンブリッジ大学	英国	GBP19,197〜29,217（約288万円〜約438万円）
=3	カリフォルニア工科大学	米国	48,111ドル（約539万円）
=3	スタンフォード大学	米国	48,987ドル（約549万円）
5	マサチューセッツ工科大学	米国	49,580ドル（約555万円）
6	ハーバード大学	米国	44,990ドル（約504万円）※年収65,000ドル未満（約728万円）は無料
（※以下、英国・米国の大学は省略）			
=10	**スイス連邦工科大学チューリッヒ校**	**スイス**	**CHF1,160（約13万円）**
=22	シンガポール国立大学	シンガポール	SGD29,350（約244万円:人文・社会科学、留学生減免なし）
=22	トロント大学	カナダ	CAD45,690（約402万円:人文・科学、留学生）
（中略）※以下、シンガポール・カナダの大学は省略			
=27	**北京大学**	**中国**	**26,000〜30,000元（約44万円〜約51万円）**
30	**清華大学**	**中国**	**20,000〜33,000元（約34万円〜約56万円）**
（中略）			
32	メルボルン大学	豪州	AUD29,632〜33,460（約254万円〜約288万円）
（中略）※以下、豪州の大学は省略			
=34	**ルートヴィヒ・マクシミリアン大学ミュンヘン**	**ドイツ**	**128ユーロ（約1万7000円）**
（中略）			
=38	**スイス連邦工科大学ローザンヌ校**	**スイス**	**CHF1,160（約13万円）**
=38	カロリンスカ研究所	スウェーデン	SEK180,000（約234万円）
※以下、スウェーデンの大学は省略			
40	香港大学	香港	HKD146,000（約212万円）
41	**ミュンヘン工科大学**	**ドイツ**	**260ユーロ（約3万4000円）**
（中略）			
44	香港科学技術大学	香港	HKD140,000（約203万円）
45	**ハイデルベルク大学**	**ドイツ**	**304ユーロ（約4万円）**
46	**東京大学**	**日本**	**53万5800円**
47	**ルーヴェン・カトリック大学**	**ベルギー**	**1335ユーロ（約18万円）**
（中略）			
58	香港中文大学	香港	HKD145,000（約210万円）
59	アムステルダム大学	オランダ	9,250ユーロ（約122万円）

的に有名な「TIMES HIGHER EDUCATION（THE）」による世界大学ランキング2018を参照する。そのデータをまとめたのが図表17だ。

図表17では、世界大学ランキングのトップ100のうち、日本の国立大学よりも授業料が低い大学を太字にしてみた。なお、アメリカ、イギリス、シンガポール、カナダ、オーストラリアの大学は授業料が高額なため、ランキング7位以降、および各国初出の大学以降は省略した。

スイスやドイツ、フランスの大学は、国外やEU圏外の学生にも低額な授業料を用意しており、ランキングも高い大学が複数ある。また、中国の北京大学や韓国のソウル大学などは東京大学や京都大学と並ぶランキングで、かつ授業料も日本の国立大学と大きくは変わらない。

また、これらの大学では、現地の言語だけでなく、英語で授業が履修できるコースも用意されている場合が多い。

もちろん、世界大学ランキングトップ100以内にこだわらなければ、授業料が決して高額ではない海外の大学はほかにも多数ある。これらの海外大学も検討材料に入れることで、選択肢が随分と広がるのではないだろうか。

留学はお金持ちだけがするものという固定観念を取り払い、有益な情報を集めることで、**低額な授業料でかつ教育レベルの高い海外の大学に、しかも給付型奨学金を受給しながら留学するという道も決して夢ではない。**

中国、フィリピン、インド……米国以外の選択肢

世界大学ランキングトップ100位までの世界の大学のコストパフォーマンスに注目したが、それ以外にも視線を広げるとさらに選択肢が広がる。教育費という観点から各国の大学についてみてみたい。

英語で学ぶという点からすると、まずはフィリピンの大学が穴場だ。国立フィリピン大学の授業料は専攻や取得単位数によって異なるがおよそ3万3800ペソ、約7万5000円（1ペソ＝2・23円で計算）だ（ディリマン校ホームページより）。最近は、フィリピンへの英語語学留学が盛んだが、大学や大学院に留学するという道もあり、特に国立大学は低額な授業料で学ぶことができる。物価や生活費も安く、より「お手頃」な留学先といえよう。ちなみに、

世界大学ランキング2018における国立フィリピン大学は601～800位で、慶應義塾大学や早稲田大学、神戸大学、千葉大学などと同じ圏内に入っている。

同じく英語で学べ、かつ低コストで大学留学できる国としてインドにも注目したい。インド工科大学ムンバイ校では学部の授業料が4万9000ルピー、日本円で約8万6000円（1ルピー＝1・76円で計算）だ（ムンバイ校ホームページより）。インドはIT産業が盛んで、エンジニア人材を米国はじめ世界に多数輩出している。インド工科大学はその中でもトップレベルで、同校は世界大学ランキング2018で351～400位に入っている。なお、同じランキング圏内では九州大学、アメリカではアラバマ大学やアメリカン大学が入っている。アメリカのトップスクールの大学院でもインドから留学してきている学生はかなり多く、授業中の発言も盛んなので目立つ存在だ。中国を抜く勢いで増加する人口と、国がこれから発展していくポテンシャルを考えると、留学先として「買い」かもしれない。

先にも少し挙げたが、**中国もこれからの留学先として見逃せない。**GDPではアメリカに次ぐ世界第2位となった中国が、今後も国際的な影響力を維持していくことは間違いない。中国語や中国での経験がビジネスなどにいかされる場面も出てくるだろう。授業料は日本の国立大学よりも安いくらいだ。中国で世界ランキングが高いのは北京大学と清華大学で授業料も日本の国立大学より安い。また、上海の復旦大学（Fudan University）は世界大学ランキング2018でも116位と上位に入っており、中国語だけでなく英語で履修できるコースも特に修士課程には多い。復旦大学以外にも上海にいくつか大学があり、上海という国際都市の土地柄もあり、中国人以外の留学生も多く学んでいるのが特徴だ。留学費用をおさえつつも中国語と英語両方で学べるコストパフォーマンスの高い選択肢といえよう。

一昔前は、留学といえばアメリカやイギリス、カナダ、オーストラリアへの留学を指していた。最近では中国や韓国、台湾、タイ、ドイツ、フィリピンなど留学先も多様化してきており、それらの国への留学者数は徐々に増えてきている。ドイツへの留学者数が増えてきているのは、上述のように、自国やEU圏内学生だけでなく留学生にも学費が非常に安いためだろう。文部科学省の統計によると、日本人の中国への留学者数は2016年度で約5782人と、前年度比で14・0％増えている。台湾は4237人で21・5％もの増加率、フィリピンは3212人で前年度比19・3％増だ（文科省ホームページ内「日本人の海外留学状況」を参考）。

繰り返しになるが、海外留学に対しては給付型奨学金の機会も増えてきた。お金がないからとあきらめていてはいけない。授業料が桁違いに高いアメリカの大学だけをみて留学は難しいと判断するのではなく、世界のさまざまな大学に選択肢を広げて、可能性を探ってみるのもよいだろう。

第4章

教育格差をなくすための9つの提言

教育は格差をなくしてきた「自由の実践」

第1章から第3章まで、「奨学金」を入り口として、「教育とお金」の問題について国内外の現状を整理し、考察してきた。奨学金の延滞者が増え、苦しんでいるという社会問題は、奨学金制度そのものが悪だと叫んでいるだけで解決するものではないことは確かだ。

では、具体的にどのような政策を実行すれば、少しでも苦しむ人が少なくなるのか。また財源や持続可能性という点で、そのような政策に実現可能性があるのだろうか。第4章では、奨学金問題の解決に向けて、教育格差をなくし、貧困の連鎖を断ち切るための具体的な方法を提言したい。

もともと近代以降の国民教育とは、経済格差や固定化された社会階層をなくすためのものだった。近代以前の教育が富裕層や指導層のみのためのものだったのに対して、全国民に教育の権利と義務が拡大されたというのが人類の歴史である。

私はハーバード大学院を修了するときの卒業式における、卒業生代表スピーチが忘れられない。同じ教育大学院の博士課程を修了したアフリカ系アメリカ人女性によるスピーチだ。彼女のスピーチは、アメリカ大陸に渡り奴隷として働いてきた彼女の先祖、そして奴隷制廃止の年に生まれた曽祖母の話からはじまった。そして、「その子孫である私がいま世界最高峰の大学で博士号を取得することができた。**教育こそがまさに〝人間に等しく与えられた権利〟であり、格差をなくす〝自由の実践（Practice of Freedom）〟である**」と力強く述べ、その教育を世界中に届けるためにがんばりたいと決意表明した。

同じハーバード教育大学院で学んだ者として、非常に感銘を受けたし、そのときの言葉は今も忘れられない。

教育は「自由の実践」である。そして、不平等と格差をなくすために人類が歴史を通して勝ち取ってきたものが教育であり、それは生まれ育った環境の違いにかかわらず、個々人の才能を開花させるための後押しとなるものである。

格差をなくすための自由の実践であるはずの教育が、逆に格差を固定化させてしまう制度となってはいけないはずだ。最後に、教育格差をなくすために取るべき具体的な施策を９つの提言として提示したい。

教育格差をなくすための9つの提言

教育格差をなくすために政府ができること

提言❶	外国人留学生奨学金の出身国枠の偏りをなくし 大学授業料減免を拡大
提言❷	奨学金返済を所得税控除に計算できる 「奨学金減税」の実現を

教育格差をなくすために大学・企業ができること

提言❸	企業、財団、大学はもっと給付型奨学金を創ろう
提言❹	働きながら学べるオンライン・ 夜間主コースの拡充を
提言❺	地域で安価に学べるコミュニティ・カレッジの創設
提言❻	ふるさと納税による大学への寄付制度を

教育格差をなくすために個人ができること

提言❼	大学生が選挙に行くことが 高等教育政策充実につながる
提言❽	個人が個人を支援する 21世紀型「あしながおじさん」
提言❾	予備校の必要のない社会が教育格差をなくす

第１節　教育格差をなくすために政府ができること

〈提言１〉外国人留学生奨学金の出身国枠の偏りをなくし大学授業料減免を拡大

第一の提言が大学授業料減免の拡大だ。

第２章では意外に知られていない大学授業料減免制度について解説した。まずはこの制度の認知度を高め、これまで経済的理由で大学進学をあきらめていた人が、授業料減免制度について知って、実際に申請し利用できるようにならなければならない。その上で、対象者数を現状よりも拡大していく必要がある。

第２章で紹介したように、授業料減免の恩恵を受けている学生は、国公立大学と私立大学、高等専門学校を合わせて延べ年間約23万人。財政規模では約490億円となる。

こういった措置は評価に値するが、決して十分とは言えない。私が提案したいのは、既存の大学授業減免制度を、アメリカで充実している「ニードベース奨学金」のような制度に拡充発展させることだ。つまり、**学生の世帯収入によって授業料減免額を段階的にきめ細かく設定**するのだ。これまでは全額か半額免除しかなかったが、4分の3免除や4分の1免除などがあってもよいはずだ。そうすることで対象者の範囲が広がるとともに、各自のニーズに対応した制度となる。

では、予算確保はどうすればよいのか。これまで整理してきたように、日本では外国人留学生に給付している奨学金の規模から比べると、日本人の低中所得層への支援が少ないという予算不均衡の問題がある。

第1章で指摘したが、年間約300億円の外国人留学生の奨学金は、一部の留学生をみる限りでは貸与ではなく好待遇な給付として支給されている。支給額で年間172万円、旅費や大学授業料分も含めると、一人当たり年間約250万円から300万円近くになる。また、留学生全体の出身国別内訳をみると、中国出身者が40・2%と偏りもみられる（隣国で、人口の多さを考えると、人数がある程度多くなるのは自然ではあるが）。

私としては、留学生の奨学金に対しては出身国の上限を定め、インドやインドネシア、ブラジル、メキシコ、中東、南アフリカなど、より多様な留学生を戦略的に増やすことを提言したい。エリアまたは出身国別に、ある程度人数の上限を設定し、家庭の世帯収入の条件を設けるべきではないか。また、給付額も現状ほど好待遇である必要はなく、一人当たりの奨学金給付額も現状の半額以下に減らしてもよいだろう。月額11万7000円だった国費留学生の給付奨学金を、私費留学生への月額4万8000円と同等にするなどが考えられる。外国人留学生間の不平等感もなくなる上に、日本人の低所得層への給付型奨学金（月額2万円から4万円）とも近い金額になる。

出身国別の人数を制限したり、給付金額を今よりもおさえたりしたからといって、海外から日本への留学生が減るかといったらそうではない。偏りがあったこれまでの状態が改善され、より多様な国々から日本に集まるようになることが期待できる。また、全体の予算執行額も減少する。

その余剰分の予算を日本人学生にも回すことができれば、年間200億円程度は確保できるだろう。これによって、現状よりもおよそ4割は大学授業料減免の対象者を増やすことができる。先に提案した「日本版ニードベース奨学金」の導入も可能になるだろう。

外国人留学生への支援も予算に余裕ができればもちろん必要な施策だ。しかし、まずは、貧困の連鎖を断ち切ることができていない日本国内の低所得層の支援を厚くすべきであると私は考える。予算配分を切り替えることでバランスを取り、必要なところに必要な支援を提供できるようになるのである。

〈提言2〉奨学金返済を所得税控除に計算できる「奨学金減税」の実現を

第二の提言は、本書の主要テーマである奨学金についてのものだ。

とはいっても、「貸与型奨学金をなくして、すべて給付型にすべきだ！」といったような非現実的な提言はしない。本書が提言するのは、現実的に財源を確保でき、すぐにでも実行できるものだ。では、奨学金についてどのような政策を行えばよいのか。

それは、「奨学金減税」だ。

つまり、日本学生支援機構などが行う貸与型奨学金の毎年の返済分を、所得税や住民税の所得控除に算入できるようにする税制改革である。

これは、奨学金返済の重荷に苦しみながらも、なんとか毎月の返済をしている人に対して、その一部でも負担軽減を行うとともに、奨学金を延滞する方向ではなく、継続的に返済するインセンティブにつながる制度となる。

第1章で扱ってきたが、貸与型奨学金の延滞者が近年増えていることを背景に、奨学金制度そのものや日本学生支援機構を「詐欺」だとか「サラ金よりもひどい」だとか批判している方々もいるが、問題の本質はそこにはない。ここ十数年、日本人の平均給与は下がっており、大卒でも雇用が安定しないなか、大学授業料は上がり続け、教育費の負担が高まっている。そのことが大きな原因の一つなのだ。奨学金問題は、一部の貧困層の問題ではなく、国民の半数が直接関係するメジャーな社会問題となった。つまり低所得層だけでなく中所得層の、ごく普通の家庭にとっても苦しい切実な問題になっているのだ。

先に挙げた授業料減免を拡充させることも検討すべきだが、大幅な拡充は予算措置が難しいのも現実である。そして、給付型奨学金のように一部の低所得層のみを対象とする制度だけでは、奨学金返済の重荷に苦しむ多くの中間層の救いにはならない。低所得層も中所得層も、奨学金を借りてそれを返している人は全員が恩恵を受けられ、かつ現実的に財源を確保できる政策が奨学金減税なのだ。

たとえば、月に3万円返済していたら、年に36万円で、これは配偶者控除の38万円とほぼ同額になる。これが所得控除となることで、たとえば所得税率10%なら3万6000円の減税になる。さらに住民税10%分も控除され、3万6000円が減税となる。合計で7万2000円の減税だ。

私自身今も奨学金の返済をコツコツと続けているので実感しているが、毎月の奨学金返済の重荷がこれだけでも軽くなると、経済的にも精神的にも大きな助けになる。特に、奨学金を返済している20代、30代の若年層にとっては、奨学金という借金を抱えていることが結婚の足かせになったり、子どもを生み育てることへのためらいになったりしているという現実がある。これが奨学金減税によって、実際の経済的な返済負担だけでなく、気持ちの部分でも軽くなることで、結婚や出産の障壁が低くなり、一歩を踏み出す後押しになるだろう。少子化対策にも有効になり得るということだ。

所得控除に申告できるようにすることは、特別なことではない。実際に、医療費や生命保険、寄付金はこういった所得控除が可能である。年末調整や確定申告で、申告している方も多いはずだ。その一つに奨学金返済分を追加すればよいだけで、新たな制度設計をする必要もなく、行政コストもかからない。給付型奨学金が公平性や厳格な審査を行うために、結果的に多大な行政費用がかかってしまうのとは異なる。

また、現在実施されている「住宅ローン減税」は、ここで提言している所得控除ではなく税額控除（所得税額から一定金額を控除できる制度、つまり控除分だけそのまま税金が安くなる）のため、これよりももっと減税の恩恵が大きい制度だ。住宅ローンを組むのは一般的に低所得層ではなく中高所得層であり、減税の優先順位が高いとは決していえないのではないだろうか。少なくとも、奨学金減税は住宅ローン減税よりも社会的意義が高いように思える。

なお、類似の教育税制優遇制度はアメリカで既に導入されており、学生ローン利子支払分を最大2500ドルまで所得控除できる。また、大学授業料を所得税額から税額控除できる減免制度もある。

低中所得層の高等教育支援は格差の固定化を是正し、教育を受けた人の生涯賃金・納税額を引き上げ、長期的には税収を伸ばすことにつながる。また、返済することにプラスのインセンティブが働けば、返済率のさらなる向上も期待できる。税収入は一時的に減ることになるが、自身が支払った税金から還付されるだけなので、寄付控除やふるさと納税のように、国民の理解も得られやすいだろう。

政府はぜひ、奨学金減税の導入を検討し、大胆に政策実行していただきたい。

第2節　教育格差をなくすために大学・企業ができること

〈提言3〉企業、財団、大学はもっと給付型奨学金を創ろう

第1章で、日本では貸与型奨学金がほとんどで、給付型奨学金は限定的であることを紹介してきた。かといって、現在の日本の財政状況では、政府が税金を使って給付型奨学金の対象者を大規模に増やすことは現実的ではない。

では、どうすれば給付型奨学金を増やすことができるのだろうか。私が提言したいのは、政府の不足や不十分な制度をカバーできるように、民間の力で給付型奨学金を増やすことだ。つまり、企業や財団、大学などが給付型奨学金をたくさん創設し、拡充するのだ。

たとえば、民間で最大の奨学金運営団体は第1章で紹介した「あしなが育英会」だ。病気や災害、自殺などで親を亡くした子どもたちや、親が重度後遺障

害で働けない家庭の子どもたちを対象としたもので、無利子ではあるものの給付型ではなく貸与型奨学金だ。大学生には月4万円または5万円を貸し出し、2015年度は大学・短大・専門学校生1991人、高校生3332人に、約22億円の奨学金貸与を行っている。

この事業自体は素晴らしいことではあるが、貸与型奨学金は政府が拠出する日本学生支援機構の制度が十分充実している。であるならば、民間財団は貸与型ではなく、給付型に切り替えたほうが、よりニーズに応えることができるはずだ。一人当たりの給付金額をおさえるか、対象者を調整することで、実現可能だろう。実は、貸与型奨学金の場合、貸したお金を回収する事務コストがかなりかかってしまうので、給付型に切り替えたほうが事務コストのカットにもつながる。

私自身も貸与型奨学金を国の日本育英会（現在の日本学生支援機構）と地元の大分市から借り、給付型奨学金を民間の山岡育英会から受給していた。貸与と給付を組み合わせることで、親からの仕送りがなくても大学を卒業でき、奨学金の「借りすぎ」にもならずにすんだ。

こういった民間財団の給付型奨学金がもっと増えることで、支援の対象を拡げることができる。

次に企業による奨学金だ。企業の場合は、政府が行うものほど公平性を完全に担保する必要はない。企業が優先させたい分野において優秀な学生や意欲のある学生、未来のイノベーションを起こせるようなポテンシャルのある学生、企業のマーケティングにもつながるような学生を探し出して、給付型奨学金を支給するのもよいだろう。

企業が直接奨学金制度を持たなくても、奨学金事業を行う既存の民間財団に寄付したり、大学の奨学金事業に企業名をつけた冠基金を持ったり、スポンサードしたりすることで、互いの持ち味を出し合って給付型奨学金を拡充することができる。

最後に、大学による給付型奨学金の拡充だ。奨学金が充実しているアメリカでは、各大学がさまざまな奨学金制度を持っている。授業料が高額な分、第3章で紹介したように、家庭の世帯年収や支払い能力によって給付額を定めるニードベース奨学金や、能力を基準として優秀な学生に給付するメリットベース奨学金などだ。そして、こういった奨学金を充実させるために、卒業生や企業などに寄付を募ったり、大学の基金を資産運用して増やす努力をしている。

私にも毎年、ハーバード大学から、現役学生の奨学金や支援のために寄付をお願いする手紙が届いている。そういった大学自身の地道で戦略的な取り組みによって、奨学金を拡充させているのだ。単なる慈善事業としてだけでなく、奨学金を充実させることで、優秀な学生や多様なバックグラウンドの学生に入学してもらうことができ、大学自体の価値を高めるという戦略に基づいた施策だといえよう。

日本にはおよそ780の大学がある。仮に、すべての大学がそれぞれ1億円程度の奨学金を新設、拡充することができれば、700億円規模の給付型奨学金が新たに生まれることになる。これは政府が新設した給付型奨学金制度の規模に匹敵する。

これまで日本の多くの大学は、卒業生や企業に対して、現役学生の奨学金のために寄付を募るという努力が不十分だったり、あまり効果的なアプローチができていなかったりした。政府の制度と各家庭の負担にのみ頼って、大学側があぐらをかいていたことが、現在の奨学金問題の要因の一つになっていることも確かだ。大学自身が給付型奨学金の拡充のために努力することで、学生にも恩恵が拡がり、大学自身の価値を高め、少子化時代における生存戦略にもつながるのだ。

財団、企業、大学が給付型奨学金の拡充のために動くことで、今よりも数倍、数十倍の規模で支援の対象を拡げることができるだろう。

〈提言4〉働きながら学べるオンライン・夜間主コースの拡充を

大学授業料が高騰してきたことはこれまで何度も述べてきた。

国立大学は1975年の3万6000円から1985年に25万2000円、1995年に44万7600円、2005年には53万5800円と上がり続け、現在まで据え置き状態というのが現状だ。30年間で実に15倍にも急騰している。日本の経済成長が止まり、平均給与が下がりはじめた95年からみても約10万円、20％増加している。

私立大学も同年の推移でみると、1975年に18万2000円、1985年に47万5000円、1995年に72万8000円、2005年に81万7000円、2012年には85万9000円と高騰し続けている。こちらも40年弱で4・7倍、67万円の急騰で、95年からは13万円、約18％の増加だ。

これだけ給与に対する授業料の割合が増えれば、奨学金を借りざるを得ない家庭が増えるのは当然だ。

これを解決するため、大学授業料減免制度の拡充を〈提言1〉で挙げたが、もう一つ、大学授業料をおさえるために私が注目しているのは夜間主コースの拡充だ。国立大学の夜間主コースは授業料が年間26万7900円と昼間主コースの半額だ。私立大学の夜間主コースである二部も昼間のコースと比べておおかた半額ほどで、年間50万円ほどと国立大学と同程度で学ぶことができる。

夜間というと、同じ大学の昼間主コースより競争率が低いため結果的に偏差値が低く差別的な見方もあるが、実際に学ぶ内容は同じであり、就職率も大きくは変わらない。大学Times（「よくわかる夜間部基礎講座【その4 就職・進学】」）によると、夜間部を持つ大学の就職率は、昼間部が96・2％、夜間部が90・3％だ。夜間部のほうが就職率が若干低く出ているが、これは昼間に働いて夜に大学で学んでいるため、時間という面で就職活動に響くケースがあるからであり、履歴書への表記も必要なく、就職活動で差別されることはないという。

夜間主コースであれば、経済的に余裕がない場合、日中にアルバイトをして夜に授業を受けることができるので、奨学金を借りすぎなくてもすむ。私の場合は日中に授業を受けて夜勤（夜通し）のバイトを週2回していたので、その翌日の授業はかなりの疲労と睡魔に悩まされた。日中の時間を使えれば、大学で学びながらでも、より安定した仕事ができる。

文科省の資料（「大学量的規模等に関連する資料」２００９年4月）によると、２００８年時点で夜間主コースを含む昼夜開講制を実施する大学は、国公立で24校、私立で19校、合わせて43校と、全体の大学数７８０校に対してかなり少ない。

国立大学では、小樽商科大学、室蘭工業大学、山形大学、茨城大学、埼玉大学、富山大学、名古屋工業大学、滋賀大学、大阪教育大学、岡山大学、広島大学、徳島大学、香川大学、愛媛大学、長崎大学、琉球大学、公立では前橋工科

大学、神戸市外国語大学、高地県立大学、北九州市立大学が夜間や二部、フレックス制の学部を有している。

私立では、北海学園大学、稚内北星学園大学、仙台大学、聖徳大学、清和大学、国学院大学、駒澤大学、専修大学、中央大学、東京電機大学、東京理科大学、東洋大学、日本大学、法政大学、立正大学、大阪経済大学、近畿大学、九州産業大学、久留米工業大学、福岡大学、熊本学園大学などだ。

既存の大学施設を有効活用し、社会人や家計の厳しい世帯に大学教育を提供する夜間主コースはもっと拡充されるべきだ。また、夜間主コースで各分野の専門家が講師として教えるようになる機会が増えれば、企業を含めた社会の最先端の知が大学教育に還元されやすいシステムとなる。

国立私立ともにぜひ夜間コースの拡充を検討いただきたい。政府としても低所得層向けに学費をおさえたコースには積極的に補助を行い、教育格差の是正に努めるべきだ。

〈提言5〉地域で安価に学べるコミュニティ・カレッジの創設

第五の提言として、コミュニティ・カレッジの導入を挙げたい。

アメリカでは、地方自治体が地域住民のために運営する2年制大学としてのコミュニティ・カレッジが大きな役割を果たしている。第3章で紹介したアメリカの高額な大学授業料とは異なり、比較的安価な授業料で無理なく通えるのだ。特に、地元住民には安い授業料設定になっており、日本円換算で年間約30万円から50万円ほどの授業料ですむ。仕事をしながら通う人がいたり、コミュニティ・カレッジで短大卒業資格を取得した後、4年制大学に編入したりする人もいる。日本からの留学生でも、コミュニティ・カレッジに留学する人は少なくない。

考えてみると、4年制大学はキャンパスも広く、充実した研究施設や大きな図書館なども備えているため、運営コストが高くなるのは当然である。大学院に進むならともなく、2年制の短大卒業レベルの知識を習得するのに、そういった立派な施設が必要不可欠というわけではないはずだ。必要最小限の施設で、しかも公立施設などを有効活用しつつ、しっかりと大学レベルの講義を履修することができれば、コストパフォーマンスの高い高等教育機関になるだろう。そのための提言が、日本版コミュニティ・カレッジの導入である。

日本にも既に公立短期大学がある。文部科学省ホームページ「公立短期大学授業料等について」によると、公立短大の平均授業料（2017年度）は昼間部38万7880円、夜間部17万5400円と、国公立4年制大学や私立短期大学よりも安い授業料設定になっている。ただし、公立短大は現在全国で昼間部15校、夜間部は2校しかなく、さらに看護や幼児教育、保育、栄養、社会福祉などの専門に限られている場合がほとんどだ。地域住民が自宅通学で学びたいものを学ぶという選択肢を用意できていないのが現状である。

私は、もっと多くの地方自治体が公立短期大学や市民施設を核としたコミュニティ・カレッジの導入をはかるべきだと考えている。コミュニティ・カレッジの導入に際しては、働きながら通える夜間部の充実と、2年制卒業後に4年制大学に編入するコースも必要だ。これまで日本の短大が担ってきた役割とは異なる、コストパフォーマンスの高い新しい高等教育のあり方が求められている。

お金がないから高等教育をあきらめるという人をなくし、お金がなくても学びたいことを学べるという選択肢を用意する必要がある。高校卒業後にいったんは仕事をはじめたけれど、仕事しながらも夜間に学んだり、数年働いてお金が貯まったので大学に入り直したりといったコースがたくさんあってもおかしくないはずだ。

そのためには、単純に給付型奨学金を増やしたり、運営コストの高い４年制総合大学の授業料を免除したりするだけではない教育政策のあり方が必要だ。日本の財政が厳しい状況だからこそ、少ないコストで、より多くの人の多様なニーズに応える改革が求められており、日本版コミュニティ・カレッジは、その一翼を担い得る可能性を持っているといえるだろう。

〈提言６〉ふるさと納税による大学への寄付制度を

〈提言３〉では大学が給付型奨学金を創設拡充するために、企業や卒業生などから寄付を募ることを提案した。それを強く推進するために有効な方法がある。ふるさと納税による大学への寄付だ。

ふるさと納税は自治体への寄付金を所得税・住民税の控除の対象とする制度で、原則として自己負担額の2000円を除いた全額が控除の対象となることと、各自治体が地域の特産物などのお礼品を用意していることもあり、近年人気が高まっている。総務省「ふるさと納税に関する現況調査結果」(2017年7月4日)によると、2016年度のふるさと納税による寄付総額は2844億円と、2015年度の1652億円から1・7倍に、2014年度の388億円からは7・3倍にも増え、かなりの規模に膨れ上がっている。

実は、このふるさと納税を活用して、大学に寄付をすることもできる制度がある。ふるさと納税の寄付は自治体に行うのだが、その自治体を通して大学に寄付される仕組みだ。

大学へ直接寄付する場合でも、税控除制度は存在し、(1)年間の寄付金額から2000円を除いた金額の40%に相当する額が当該年の所得税額から控除されるか、(2)年間の寄付金額から2000円を除いた金額を当該年の所得金額から控除される制度の、いずれかを選ぶことができる。

ふるさと納税の場合は2000円を除いた全額が税額から控除されるのに対

して、大学への寄付の場合は2000円を除いた金額の40％が税額から控除される。そのため、寄付者にとってはふるさと納税のほうがメリットが大きい。さらに、自治体からのお礼品までついてくるものであれば、ふるさと納税を活用して大学に寄付をしようという人は増えることが予測される。

たとえば、兵庫県立大学は兵庫県と、大阪府立大学は大阪府、大阪市立大学は大阪市、奈良県立医科大学は奈良県、名寄市立大学は北海道名寄市と、国立の九州大学も福岡県糸島市と、山形大学工学部は山形県米沢市と、私立の国際大学も新潟県南魚沼市と協力して、ふるさと納税による寄付を募っている。

今後、こういったふるさと納税を通した大学への寄付金制度が各自治体と大学に広がっていき、その寄付金を現役学生への給付型奨学金に活用することができれば、給付型奨学金を拡充することも可能ではないだろうか。大学と自治体の双方の努力、そして個人の支援とふるさと納税による税控除という制度がうまくマッチすることで、爆発的に広がることもあり得る。

第3節　教育格差をなくすために個人ができること

〈提言7〉大学生が選挙に行くことが高等教育政策充実につながる

教育格差をなくすために取り組むべきなのは、政府や大学だけではない。個人がアクションを起こすことで、改善される道もある。

先に挙げた、ふるさと納税や大学への直接寄付も個人ができることの一つだ。第七の提言として挙げたい個人のアクションは、大学生が選挙に行くことだ。

そもそも、政府が若者や高等教育政策を重視せず予算をあまり配分しない一方、高齢者政策に対しては手厚い「シルバー民主主義」が実施されている背景には、高齢者人口のほうが若者人口よりも多い上に、投票率も高齢者のほうが高いという現状があることが要因として考えられる。

2016年に選挙権が20歳以上から18歳以上に引き下げられたことにより、

大学1、2年生の年齢にある人も選挙権を持つようになった。母数のボリュームは多少増えたことになるが、若年層の投票率が依然低いことは変わらない。

総務省（「国政選挙の年代別投票率の推移について」）によると、2016年の参議院議員選挙では、60歳代が70・07％、50歳代が63・25％、70歳以上が60・98％だったのに対して、20歳代は35・60％、30歳代は44・24％、10歳代は46・78％だった。60歳代と20歳代では、投票率にほぼ倍近くの差がある。

さらに、母数となる人口（日本人）も総務省統計（「人口推計」2016年10月1日現在確定値）によると、60歳代が約1840万人、70歳以上が約2430万人なのに対して、20歳代は約1200万人、18歳から19歳の人口は約240万人だ。

人口に投票率をかけた投票数でみると、60歳代が約1289万票、70歳以上が1481万票、20歳代が427万票、10歳代が112万票だ。60歳以上で足し合わせると2770万票なのに対して、29歳以下は539万票にしかならない。実に5倍以上もの差が開いている。

政治家の立場からすれば、どうしても選挙の票になる高齢者のほうを、若者よりも優先してしまうという力学が働くことになるわけだ。

いくら若者が、「大学授業料が高すぎる！」「給付型奨学金を増やしてほしい！」と思っていても、選挙に行かない人が多すぎるため、政治家にとってのプライオリティが下がり、政策に反映されづらくなってしまっているのだ。

では、若者の投票率が倍増し、高齢層よりも高い投票率になったらどうなるだろう？

仮に20歳代が71％、10歳代が93％に倍増したとする。投票数は20歳代で852万票、10歳代で223万票、合わせて1075万票だ。60歳代とほぼ同規模の投票数になる。

また、本著の〈提言2〉で提案した「奨学金減税」であれば、現役学生だけでなく、返済中の20代、30代、40代にも関係する政策となる。30歳代人口（2016年）約1490万人、40歳代人口約1870万人に対して、それぞれ投票率が倍近くの90％になれば、30歳代の投票数は1341万票、40歳代は1683万票になる。18歳から49歳までの合計投票数が約4000万票で、60歳以上の投票数２７７０万票を超えることになる。いわば、若年層が「野党」から「与党」になるわけだ。

世代別人口を増やすことはできないが、投票率は上げることができる。実際に、スウェーデンでは、20代でも投票率が80％を超えている。他の北欧諸国も若年層の投票率が日本よりもずっと高い。北欧諸国が大学授業料を低額におさえ、高等教育政策を充実させていることは、本著第3章でも紹介した通りだ。

決して大げさなことではない。この提言は「お年寄りが選挙に行くのと同じくらい、若者も選挙に行こう」という、ごく当たり前のことのはずだ。大学キャンパスや高校での投票所設置を増やすなどの政策も考えられる。

大学生や若者が選挙に行くようになることで、若年層の政治的プライオリティが上がり、高等教育政策充実の政治力学が働く。実は、そんなことも現実の社会を動かすには必要な一歩なのだ。

〈提言8〉個人が個人を支援する21世紀型「あしながおじさん」

『あしながおじさん』というアメリカの作家ジーン・ウェブスターによる有名

な小説がある。孤児院（今で言う児童養護施設）で育った少女ジュディに対して、「あしながおじさん」こと資産家の男性が、大学進学のための奨学金を匿名で支援し、手紙のやり取りを続ける。ジュディは大学を卒業し、小説の商業出版という夢を果たすとともに、最後にはジュディとあしながおじさんの二人が結婚するという物語だ。

この名作にあやかって「あしなが育英会」などの奨学金団体がつくられるなど、「あしながおじさん＝奨学金」というイメージが日本では定着している。

私はこの物語が、奨学金問題で多くの若者が苦しんでいる現代日本に一つの示唆を与えているように思う。あしながおじさんは、個人が個人に対して自発的意思に基づいて応援し、支援したケースだ。そのやり取りには血が通っていて、ジュディから手紙を受け取るあしながおじさんもジュディの成長と豊かな感性を共有するのが楽しみでしかたなかったわけだ。

一方で、巨大な大組織で公平性が求められる公的機関が支援をしようとすると、どうしても無機質で杓子《しゃくし》定規な制度になってしまう。日本学生支援機構の貸与型奨学金が、感謝されるよりも、むしろ恨みを持たれているようなイメージになるのは、そのためかもしれない。

巨大組織による大規模な貸与型奨学金制度は、工業化社会に大卒人材を送り込む一つの欠かせない歯車であったのかもしれない。しかし、これから情報化社会がますます発展する中で、これまでのような巨大組織による一律的制度だけでなく、個人が個人を自発的に支援するネットワークも発展させるべきなのではないだろうか。

つまり、「21世紀型あしながおじさん」だ。

たとえば、インターネットを活用したクラウドファンディングによって、個人の奨学金を複数名から募るという方法も考えられる。NPOなどが社会的なプロジェクトに対してクラウドファンディングで資金集めを行う実践例は増えてきたが、個人への奨学金に同様の手法を応用するという考え方だ。

将来の夢に向けて大学進学をしたいが、親からの仕送りがもらえない学生が、ネット上に自分の夢と大学での学習研究計画、普段の生活の様子などをインターネット上にアップする。それに共感し、応援したいと思った個人が、授業料や生活費を支援するという仕組みだ。小説のあしながおじさんのように、大資産家一人が支援し続けなくても、クラウドファンディングで複数名が応援をすれば、毎月の支援額はその分少額ですむ。

支援を受ける学生も、顔の見えない巨大組織から自動的にお金を受け取る制度としての奨学金ではなく、将来に向けて頑張っている自分を応援してくれている支援者と直接つながっているので、責任を果たそうとより勉学に励むようになるはずだ。

こういった個人奨学金クラウドファンディングのウェブサイトが、しっかりとした公益法人によって運営され、寄付金が税控除にも適用されるのであれば、多くの人は支援をしたいと思うのではないだろうか。寄付をしても具体的に誰に対して、どう喜ばれているのかわかりづらいものよりも、実際に顔が見えて、どんな学生生活を送って、支援したお金が実際に役立って感謝されていることを実感でき、直接受給者とやり取りができるほうが、支援者としてもうれしいはずだ。まさに、あしながおじさんとジュディが手紙をやり取りしたのと同じである。

そんな「21世紀型あしながおじさん」こと、個人奨学金クラウドファンディングの仕組みは決して夢物語ではない。公益法人とネット企業が組むなどして、新しい奨学金への挑戦があってほしいものだ。

もちろん、公的サービスや制度の拡充を着実に進めた上で、このような時代の変化にあった新しい取り組みにも挑戦し、公と私が補完し合うことが望ましいことは、改めて強調しておきたい。

〈提言9〉予備校の必要のない社会が教育格差をなくす

どんなに奨学金が用意されていても、どんなに大学授業料が免除になっても、高額な予備校や塾に通わなければ大学進学が難しいという状況では、教育格差はなくならない。塾や予備校に通う経済的な余裕のある者だけが、教育レベルの高い大学や、国立大学など授業料の安い大学に通えることになってしまうからだ。

そもそも塾や予備校にお金を出して通わなくても、大学受験のために十分な勉強や対策ができる環境が公教育のなかに備わっていることが本来のあり方なのだ。

ではどうすればよいのか。

第2章で述べたように、一つは公立校を改革することだ。日比谷高校など都立高校改革の例を挙げたが、公立校の教育レベルが上がり、受験にのぞむだけの学力を学校のカリキュラムで培えるようになれば、高額な授業料の私立中高一貫校や塾・予備校に通う必要が少なくなる。

都立高校改革で紹介したように、都道府県が進学指導重点校制度を導入し、教員公募制による意欲と指導力のある教員の配置や、自校作成の入試問題の導入、補修や夏期講習の拡充などはすぐにでもできる取り組みだ。夏期講習には、予備校講師の経験があるような外部講師の活用を認めるといったことも考えられよう。

二つ目は、浪人するのは当たり前という考え方や制度を改めて、大学進学や編入の流動性を高めることだ。現在の日本では、志望校に合格できなかった場合、浪人をして予備校に通うという人の割合は少なくない。浪人生が予備校に通うための費用は、夏期冬期講習などを含めると年間でおよそ100万円にもなる（All About「浪人すると予備校費用はいくらかかる?」より）。私立大学に通うのと同じくらいの費用だ。さらに、地方で大手予備校がない場合は、予備校のある都会に出るための予備校寮費や下宿代などの負担も増す。

日本に定着している受験浪人文化が、大学進学をよりお金のかかるものにしてしまっており、教育格差を拡大する方向に向けてしまっているのだ。

浪人をしなくても、希望する勉学研究をできるようにするには、大学間の流動性を高めることだ。たとえば、大学３年次の編入制度やその枠をより拡大充実させ、大学進学時は第一志望に合格できなかったとしても、大学１、２年時に勉強をがんばり、３年の専門課程に進む際に希望の大学に編入するという選択肢を増やすことだ。実際に、日本でも高等専門学校から大学３年に編入するケースは多く、私が通った東京大学工学部にも高専からの編入者がいた。これを高専だけでなく、大学間の編入枠を多く設けることで、編入希望者には大学１、２年時の勉学をより促進することにつながり、受験浪人で余計な予備校費を出さなくても、希望の大学に再チャレンジする機会が提供できる。

また、〈提言５〉で挙げたコミュニティ・カレッジができると、浪人して予備校に通わなくても、働きながら高等教育に進学し、さらに大学３年の編入に向けて勉強に励むことができるようになる。これも、コミュニティ・カレッジや短大から大学への編入枠を多く設けることで実現可能だ。

予備校の必要ない社会ができれば、より費用をかけずに希望する大学に進学できるようなる。教育格差をなくすためには、そういった一つひとつの取り組みが重要になってくるのだ。

「奨学金が悪だ！」と短絡的に叫ぶだけでは教育格差はなくならない。政府も、大学も、企業も、そして私たち一人ひとりが有効な取り組みを積み重ねることで、教育格差をなくし、貧困の連鎖を断ち切ることができるはずだ。

生まれてきた経済的環境の違いによらず、誰もが自らの夢に向かってよりよい教育を受けられるような社会をつくるには、社会の現状を正確に把握し、一つひとつ有効な手段を講じていくしかない。

本著で提示した「9つの提言」が、すぐにでも実行されることを願ってやまない。

あとがき――「希望という光」を次の世代に

日本の未来は、明るいだろうか。

「世界がうらやむ」ような未来は決して保証されていない、というのが現役世代の多くの感情ではないだろうか。

経済成長が低迷して20年以上が経った。人口はこれから急降下し、少子高齢化はますます進んでいく。2017年にベストセラーとなった『未来の年表』（講談社現代新書）には、2020年以降日本が迎えていくであろう暗いニュースが、これでもかというくらい挙げられている。

政府や既存の制度に対して、文句の一つでも言いたくなる気持ちは自然な感情だろう。私自身もそんな感情を持つ一人だ。

しかし、短絡的に文句を言っているだけでは、「未来の年表」は変わらない。

「奨学金は悪だ！」と叫んでいるだけでは、問題は解決しない。

私自身もそうだが、実際に返済に苦しんでいる人の負担を少しでも減らし、「お金」を理由に大学進学をあきらめてしまう人を少しでも減らすためにはどうしたらよいのか、具体的に、現実的に考え、政策や行動や意識を変えていかなければならない。

私がそんな問題意識を持ったのは、奨学金問題が社会的に話題となりはじめた2013年の頃だ。

奨学金問題もまた、暗いニュースとしてばかり取り上げられ、「教育格差絶望社会」という言葉がいたるところに躍っていた。

しかし、私が16歳の頃、家に親がおらず、仕送りもなく、受験のためにアルバイトも辞めて、収入が貸与型奨学金の1万4000円だけになったとき、奨学金は自分にとって決して「絶望」ではなく、「光」だった。その「光」があったがゆえに今がある。その気持ちは、当時も今も変わらない。

だからこそ、奨学金を「絶望」としてではなく、「希望」として語りたい。課題があるならば、解決できるのではないか。今から動き出せば、「未来の年表」

を少しずつでも書き換えることができるのではないか。日本の未来に、新しい地図を描くことができるのではないか。

そんな気持ちが本著の出発点である。

5年前に本著を構想し、執筆をはじめ、数多くの出版社に当たったものの、地味なテーマで売れないという理由で断られ続けた。それでも、「未来の年表」を書き換えるために、どうしてもこの本を世に出したかった。

10年以上私の出版エージェントをしていただいているアップルシード・エージェンシーの栂井理恵さんに無理を言ってお願いし続けて、あらゆる出版社に当たり続けてようやく決まったのがポプラ新書だった。本著の編集者であるポプラ社の天野潤平さんには、このテーマに深く共感いただき、多くの適切なアドバイスをいただいた。二人がいなければ、当然この本が世に出ることはなかっただろう。栂井さんと天野さんに、この場を借りて深く感謝の意を表したい。

また、何の信用も担保もない若造に、無利子で多額の奨学金を貸してくれた日本学生支援機構と大分市、温かくも給付型奨学金を下さった山岡育英会、そしてさまざまなかたちで助けてくださったすべての人に、心から御礼申し上げたい。

私が、すべての貸与型奨学金を返しきるのは2022年の予定だ。それまでには、本著で主張した「教育格差をなくすための9つの提言」を実現させたい。私が16歳の頃にもらった「希望という光」を、今度は次の世代に届けられるように。

本山勝寛

本山勝寛
もとやま・かつひろ
学びのエバンジェリスト。作家。ブロガー。日本財団パラリンピックサポートセンター推進戦略部・広報部ディレクター。
東京大学工学部システム創成学科卒業、ハーバード教育大学院国際教育政策修士課程修了。1981年生まれ。大分県出身。小学校から高校まで地方の公立学校に通い、親が家にいない収入ゼロの超貧乏生活のなか、奨学金のみで飢えを凌ぎながら独学で東京大学に合格。在学中の4年間大学授業料免除を受け、日本学生支援機構と地方自治体から400万円の奨学金を借り、民間団体から奨学金給付を受けて、東大を卒業。その後各種の奨学金を受けてハーバード教育大学院で国際教育政策を研究。「学びの革命」をテーマに言論活動を行い、著書に累計5万2500部、韓国、中国、台湾でも翻訳されベストセラーとなった『16倍速勉強法』(光文社)のほか、『お金がなくても東大合格、英語がダメでもハーバード留学、僕の独学戦記』(ダイヤモンド社)、『一生伸び続ける人の学び方』(かんき出版)、『最強の独学術』(大和書房)など多数。ブログで奨学金や教育問題についての記事を投稿し、BLOGOSやアゴラ、Yahoo!ニュースなどに転載され、人気ブロガーとして話題を呼ぶ。TBS「NEWSな2人」に出演。アジア最大級の非営利組織、日本財団で世界30カ国以上を訪問、教育や国際協力事業を手掛け、「日本財団国際フェローシップ」を立ち上げるなど多数の奨学金プログラムに携わる。5児の父親で、育児休業を4回取得、独自の子育て論も展開している。

企画　アップルシード・エージェンシー

ポプラ新書
145
今こそ「奨学金」の本当の話をしよう。
貧困の連鎖を断ち切る「教育とお金」の話
2018年2月8日 第1刷発行

著者
本山勝寛

発行者
長谷川 均
編集
天野潤平
発行所
株式会社 ポプラ社
〒160-8565 東京都新宿区大京町22-1
電話 03-3357-2212(営業) 03-3357-2305(編集)
振替 00140-3-149271
一般書出版局ホームページ www.webasta.jp
ブックデザイン
鈴木成一デザイン室
印刷・製本
図書印刷株式会社

N.D.C.373/176P/18cm ISBN978-4-591-15802-9

本当は怖い小学一年生

汐見稔幸

なんのために勉強するのかわからない。そもそも授業がつまらない。親の過剰な期待に振り回されている。——「小一プロブレム」と呼ばれ、小学校低学年の教室で起こるさまざまな問題は、じつは「学びの面白さを感じられない」子どもたちからの違和感や抵抗のあらわれだ。子どもの可能性を引き出すために、今必要なものは何か。教育、子育てへの提言。

世界史で読み解く現代ニュース

池上彰＋増田ユリヤ

世界史を知っていれば、現代のニュースが理解できる。現代のニュースからさかのぼれば、世界史が興味深く学べる。第一弾の本書では、中国の海洋進出の野望のルーツを中国の「大航海時代」に求め、中東に現在も影響を与え続けているオスマン帝国からイスラム紛争を読み解いてゆく。

18歳選挙世代は日本を変えるか

原田曜平

若者を対象にした調査で、6割が政治に興味を持ち、7割が投票すると答えた。「若者は政治に興味がない」という通説は、必ずしも正しくない。若者の実態について調査・マーケティングしてきた著者が、政治改革を起こす世界の若者と、日本の若者を取材する中で、一見無気力にも見える彼らの優しさや欲のなさ、素直さに、民主主義への希望を見出す。

どこまでやるか、町内会

紙屋高雪

大きな災害が起こるたびに人々の結びつきが注目され、町内会の存在がクローズアップされる。一方で、高齢化で担い手がいない現実や、子育て世代にとって負担の多い活動が、ご近所トラブルのもとになることも。町内会と行政の関係や新興の町内会のあり方を通して、町内会に関わるすべての人の疑問や思いにこたえる1冊。

後悔しない「産む」×「働く」

齊藤英和＋白河桃子

「結婚は？」「子供は？」「仕事は？」選択は自由と言われても、その方法は学校でも家庭でも教わらなかった——。女性とそのパートナーのための仕事・結婚・出産への不安に対して、医療とキャリアの視点から多数のデータやアンケートとともに応える。これから産みたい人、産んで働きたい人、娘を持つ親にも必携の一冊。

偏差値好きな教育〝後進国〟ニッポン

池上彰＋増田ユリヤ

必ずしも教科書を使わなくてもよいフィンランド、学校外の大人が「いじめ問題」にかかわるフランス。日本は世界を手本に、自分の頭で考え、行動できる、いわゆるアクティブ・ラーニングを掲げているが、あまり進んでいないのが実態だと言える。時代の変化に応じて求められる教育の姿を海外の現場から探り、次世代の教育のありようを考える。

生きるとは共に未来を語ること　共に希望を語ること

昭和二十二年、ポプラ社は、戦後の荒廃した東京の焼け跡を目のあたりにし、次の世代の日本を創るべき子どもたちが、ポプラ（白楊）の樹のように、まっすぐにすくすくと成長することを願って、児童図書専門出版社として創業いたしました。

創業以来、すでに六十六年の歳月が経ち、何人たりとも予測できない不透明な世界が出現してしまいました。

この未曾有の混迷と閉塞感におおいつくされた日本の現状を鑑みるにつけ、私どもは出版人としていかなる国家像、いかなる日本人像、そしてグローバル化しボーダレス化した世界的状況の裡で、いかなる人類像を創造しなければならないかという、大命題に応えるべく、強靭な志をもち、共に未来を語り共に希望を語りあえる状況を創ることこそ、私どもに課せられた最大の使命だと考えます。

ポプラ社は創業の原点にもどり、人々がすこやかにすくすくと、生きる喜びを感じられる世界を実現させることに希いと祈りをこめて、ここにポプラ新書を創刊するものです。

未来への挑戦！

平成二十五年　九月吉日　　株式会社ポプラ社